그림과 나누는 스물한 편의 인생 이야기
나는 오늘 고흐의 구두를 신는다

ⓒ Marc Chagall / ADAGP, Paris - SACK, Seoul, 2009
ⓒ Orlan / ADAGP, Paris - SACK, Seoul, 2009
ⓒ René Magritte / ADAGP, Paris - SACK, Seoul, 2009
ⓒ 2006 Kate Rothko Prizel and Christopher Rothko / ARS, NY / SACK, Seoul
ⓒ The Estate of Francis Bacon - SACK, Seoul, 2009
ⓒ James Ensor / SABAM, Belgium - SACK, Seoul, 2009
ⓒ Giorgio de Chirico / by SIAE - SACK, Seoul, 2009
ⓒ 2009 - Succession Pablo Picasso - SACK (Korea)

이 서적내에 사용된 일부 작품은 SACK를 통해
ADAGP, ARS, DACS, SABAM, SIAE, Succession Picasso와 저작권 계약을 맺은 것입니다.
저작권법에 의하여 한국 내에서 보호를 받는 저작물이므로 무단 전재 및 복제를 금합니다.

이 책에 사용된 작품들은 대부분 저작권자의 동의를 얻었습니다만,
저작권자를 찾지 못하여 게재 허락을 받지 못한 작품에 대해서는 저작권자가 확인되는 대로 게재 허락을 받고
정식 동의 절차를 밟겠습니다.

그림과 나누는 스물한 편의 인생 이야기
나는 오늘 고흐의 구두를 신는다

이명옥 지음

21세기북스
book21.com

저자 서문

요즘처럼 인생을 살아가는 데 예술이 필요하다고 절실하게 느낀 적은 없었다. 칭찬 대신 비방이, 사랑 대신 증오가, 따뜻함 대신 냉혹함이, 선량함 대신 사악함이, 인간에게 가장 소중한 감정을 쓰나미처럼 휩쓸어 갔으니 말이다.

사람들은 삶의 양지가 되는 단어들, 예를 들면 양심이나 의리, 신념, 약속, 용서, 화해 등이 머릿속에 떠오르는 순간 '삭제키'를 누르면서 희열을 느끼는 몬스터로 변해간다.

하지만 상대에게 치명적인 상처를 가하는 비법을 개발하기 위해 혈안이 된 우리에게도 지친 영혼이 기대고 싶은, 외로운 마음이 깃들고 싶은, 편안한 언덕이며 포근한 둥지이던 시절이 있었다.

그 순수의 시절을 복원하고 싶은 바람이 이번 책을 집필하게 된 출발점이 되었다.

예술이란 과연 무엇일까? 자연의 아름다움을 스캔하고, 인간의 본성을 발굴하며, 세상만물과 소통하는 방법을 알려주는 것, 우리 스스로가 소외시킨 진정한 자신과 만나게 해주는 메신저라고 생각한다.

이 책은 예술가들이 삶을 어떻게 바라보고, 느끼고, 생각했는지 예술작품을 감상하면서 나누는 인생 이야기다. 한편 꿈을 배낭인양 등에 짊어지고 인생의 길을 걸어갔던 예술가들의 발자취를 독자들이 답사하는 명화코스이기도 하다.

인생의 강물에 희망을 방생하는 책이 될 수 있기를 진심으로 바라면서 글을 갈무리한다.

책을 위해 귀한 도판을 선물해준 김성룡, 남경민, 안윤모, 안창홍, 양대원, 이영희, 이일호, 이희중, 이흥덕, 황혜선 작가들에게 감사드린다. 아울러 예술과 삶을 분리시킨 험한 세상에 다리를 놓아준 21세기북스 관계자와 심지혜 기획자에게도 감사드린다.

2009년 7월
이명옥

차례

저자서문 ... 4

1부. 고흐의 구두를 신다

희망, 절망이라는 토양에서 피어나는 꽃 ... 10
재생, 나비가 보여주는 인생의 아름다움 ... 24
가난, 세상 모든 인간은 가난하다 ... 44
떠남, 알을 깨고 비상하는 자유 ... 58
인생, 자신만의 길을 걷다 ... 76
행복, 즐겁지 않다면 무슨 소용인가 ... 92
추억, 오늘은 내일의 추억이다 ... 108

2부. 샤갈의 무중력 속을 날다

눈물, 메마른 감정의 대지를 촉촉하게 적시는 비 ... 122
아름다움, 모두가 원하는 꿈의 산물 ... 142
고독, 진정한 자신과 만나는 순간 ... 158

사랑, 사랑도 공부가 필요하다 … 170
폭력, 도시인의 억눌린 본성 … 186
모델, 너는 나를 비추는 거울 … 204
죽음, 살아 있음을 깨닫게 하는 힘 … 226

3부. 렘브란트의 자화상 앞에 서다

용서, 누구를 벌할 수 있겠는가 … 248
침묵, 세상과 소통하는 또 하나의 언어 … 262
명상, 마음의 영토를 무한대로 넓히다 … 272
전쟁, 모두가 패배자다 … 288
관음, 권태를 방지하는 묘약 … 304
불안, 삶의 연료가 되다 … 320
늙음, 인생의 마지막을 장식하는 방법 … 334

1부. 고흐의 구두를 신다

희망 ....

절망이라는 토양에서
피어나는 꽃

나는 이 한 점의 그림을 통해
누구나 소망의 끈이 끊어질 때가
있다는 사실을 깨닫게 되었다.
아울러 내 자신의 정치적 역할은
모든 국민들에게
희망을 주는 데 있다는 것도 배웠다.

_버락 오바마

2008년의 끝자락, 영국 런던 테이트갤러리에 소장된 〈희망〉[01]이라는 그림이 전 세계 언론의 주목을 받으면서, 앞다퉈 지면에 소개되는 이변이 벌어졌다. 그림을 그린 화가의 이름은 조지 프레드릭 왓츠(George Frederick Watts). 그는 19세기 말 영국에서 활동했던 화가였다. 하지만 언론이 흥분하던 그 시점까지도 왓츠라는 이름과 그가 그린 〈희망〉에 대해 아는 사람은 극소수의 미술인과 미술애호가들뿐이었다. 그렇게 대중들에게 생소한 화가의 이름과 그림은, 시인 바이런이 "잠자고 아침에 일어나니 유명해졌다"라고 말한 것처럼, 순식간에 세계적인 명화의 반열에 올라섰다. 〈희망〉이라는 그림이 하룻밤에 신데렐라로 깜짝 변신하게 된 사연은 과연 무엇일까?

바로 세상에서 가장 유명해진 남자가 자신에게 '희망의 메시지'를 준 그림이라면서 찬사를 보냈기 때문이다. 세상에서 가장 유명해진 남자란 미국 제44대 대통령에 당선된 버락 오바마를 가리킨다. 오바마는 대권의 꿈을 키우던 시절인 2004년 민주당 전당대회에서 〈희망〉이라는 그림을 보고 커다란 감동을 받았다고 처음으로 밝혔다.

01
조지 프레드릭 왓츠
희망
1886
캔버스에 유채

이 그림은 여성에 대한 편견이나 탐욕, 인종차별, 소외계층에 대한 사람들의 무관심을 상징적으로 보여줍니다. 그리고 마지막 순간까지 음악을 연주하려는 여인에게서 강력한 희망의 메시지를 보았습니다.

그림은 오바마의 멘토가 되었다. 그는 《버락 오바마의 담대한 희망》이라는 자서전에서도 이 그림이 자신에게 강한 영감을 주었다는 사실을 거듭 강조했다.

오바마가 감히 최초의 흑인대통령을 꿈꿀 수 있도록 희망의 씨를 심어 준 화제의 그림을 감상하면서 희망의 의미가 과연 무엇인지 되새겨보자.

희망을 연주하다

한 여자가 몸을 웅크린 자세로 커다란 공 위에 올라탔다. 여자의 모습이 예사롭지 않다. 그녀는 맨발인 데다 두 눈을 천으로 질끈 동여매고 있다. 불편한 자세인데도 여자는 고개를 푹 숙인 채 악기를 연주한다. 악기는 리라, 즉 수금이다. 그런데 수금의 줄은 모두 끊긴 상태며, 단지 한 줄만이 간신히 남아 있다. 두 눈을 가린 채 공에 위태롭게 올라탄 자세로 달랑 한 줄 남은 현(絃)에 의지해 악기를 연주하는 여자! 대체 수수께끼 같은 그림의 의미는 무엇일까?

커다란 공은 바위덩이에 불과한 행성으로 전락한 지구를 상징한다. 눈먼 여자는 인류를, 악기의 끊어진 현은 인류가 절망적인 상태에 빠진 것을 의미한다. 그리고 마지막 남은 한 줄의 현은 희망을 뜻한다. 그림의 메시지는 다음과 같다. 인간은 절망적인 상황에서도 결코 삶을 포기하지 않고 한 가닥 남은 희망에 의지해 살아가는 존재라는.

왓츠의 시절로 되돌아가면 화가가 이런 신비한 그림을 그리게 된 의도를 짐작할 수 있다. 19세기 말, 과학기술문명이 급속하게 발달하게 되면서 유럽인들은 신의 존재를 부정하게 되었고, 정신, 신비, 외경심 등과 같은 순수한 단어도 더 이상 사람들의 관심을 끌지 못했다. 영혼의 세계에서 물질의 세계로 집단 이주한 사람들은 세기말적 증후군인 불안에 감염되었고, 그 결과 삶의 허망함과 죽음의 공포에 사로잡히게 되었다.

이런 세기말적 시대 분위기는 왓츠의 예술관에 결정적인 영향을 끼쳤다. 왓츠는 인류가 절망적인 상황에 직면했다는 점을 절감했다. 화가는 인간의 오만함을 경고하는 한편, 사람들에게 가장 필요한 것은 영혼을 되찾는 일이라는 것을 그림을 통해 알리고 싶었다. 그래야만 인류에게 희망이 생긴다고 확신했다.

화가는 절망이라는 토양에서 피어나는 꽃이 희망이라는 점을 강조하고 싶었던가. 한 가닥 남은 리라의 현을 눈부신 황금색으로 표현했다. 저 찬란한 황금빛 줄에서 흘러나오는 희망의 노래가 지구 방방곡곡에 울려 퍼질 수 있도록.

이러한 희망의 메시지는 감상자에게 신비로우면서도 강렬한 암시를 주었고, 19세기 말에는 세계에서 가장 유명한 그림인 레오나르도 다 빈치의 〈모나리자〉에 버금가는 인기를 누렸다. 그림의 명성이 높아지면서 복제화가 불티나게 팔렸다. 흥미롭게도 〈희망〉의 복제화는 이슬람 국가에서 폭발적인 인기를 끌었다. 그 이유는 무엇일까?

이슬람 국가들이 〈희망〉에 유독 열광한 것은 국가체제를 홍보하고 선전하는 도구로 활용할 가치가 높다고 판단했기 때문이다. 이슬람인들의 눈에 비친 그림은 신앙심을 저버리고 물질에 집착하면 죽음이 따른다는 것을 증명하는 산 증거였다. 더욱 마음에 드는 것은 서구문명의 종말을 예고하고 있다는 점이었다.

흔들리는 정권을 반석처럼 다지고, 요동치는 민심을 결집시키려면 강력한 희망의 메시지가 필요했다. 이슬람 통치자들에게 서구문명의 위기를 예언한 왓츠의 〈희망〉은 가장 탁월한 선택이며 대안이었다. 위정자들은 예술을 통한 홍보선전만큼 효과적인 것은 없다는 점을 잘 알고 있었다. 이란은 그림을 정치적인 메시지로 포장해 선전도구로 활용하는 데 앞장섰고, 〈희망〉을 공식적인 우표 도안으로 채택했다. 이집트는 1967년 이스라엘과의 전쟁에서 패한 뒤 군대의 사기를 진작시키려는 의도에서 〈희망〉의 복제화를 재발행하기도 했다.

한 점의 그림이 던진 강렬한 메시지

왓츠의 〈희망〉은 미술이 정치적 메시지를 전달하는 탁월한 수단이 될 수 있다는 점을 증명하는 흥미로운 사례가 되었다.

자, 정치권에서는 왜 예술작품에 추파를 던질까? 미국의 역사학자인 피터 패럿에 따르면 그럴 만한 가치가 있다. 피터 패럿은 미술품을 홍보 수단으로 삼으면 얻게 되는 장점에 대해 이렇게 이야기한다.

문서는 읽는 데 시간이 많이 걸리는 데다가 자료가 보관된 기록보관소에 직접 찾아가야 하는 번거로움이 있다. 반면에 회화나 사진은 상대적으로 더 빨리 식별할 수 있고 복제물을 통해 쉽게 접근할 수 있는 장점이 있다.

미술품이 국가적 정체성을 강화하고 정권 유지에 기여했는지에 관해서는 보다 상세한 연구가 필요하겠지만, 위정자들이 그런 효과를 믿었던 것만은 확실하다. 과거 히틀러, 무솔리니, 스탈린과 같은 냉혹한 독재자들도 예술을 이용해 자신을 영웅이나 초인으로 연출한 적이 있었다. 프랑스 혁명의 사상적 배경이 되었던 《백과전서》의 '회화' 부분의 집필자였던 루이 드 조쿠르도 그 이점을 인정했기에 "역사를 통틀어 통치자들은 사람들에게 좋은 감정을 불러일으킬 수 있도록 항상 회화나 조각을 이용했다"라는 글을 썼던 것이다.

통치자가 예술을 홍보수단으로 활용해 자신의 정치적 이미지를 확고하게 구축한 사례는 다음 그림[02]에서도 확인할 수 있다.

초상화의 모델은 영국 여왕인 엘리자베스 1세다. 평소 화려한 패션과 진한 화장으로 권위를 과시하던 여왕답지 않게 그녀는 겸손과 신앙심을 상징하는 검정색 옷을 입었다. 이 그림에서 엘리자베스 1세가 검정색 옷 차림을 한 것은 순결하고 정숙한 성모 마리아의 이미지를 연출하려는 의도에서였다.

엘리자베스 1세가 통치하던 시대는 가부장적 사회였다. 남성은 여성을 인격체가 아닌 사유재산으로 여겼고, 모든 여성들에게 복종을 강요했다. 하지만 여성을 남성의 소유물로 여기던 시절에도 오직 한 여성만은 숭배의 대상이 되었으니, 바로 성모 마리아였다. 특히 엘리자베스 1세가 통치하던 시기에는 성모 마리아를 향한 영국인들의 숭배심이 절정에 달했다. 여왕의 아버지였던 헨리 8세가 가톨릭과 결별하기 위해 국민들에게 성모 마리아를 경배하지 말라는 명령을 내렸지만, 이런 정치적 탄압은 가톨릭 신자들의 성모숭배 열기에 더욱 불을 질렀다. 엘리자베스 1세는 성모를 열망하는 백성들의 마음에 자신이 순결한 동정녀 마리아의 현

02
작자미상
**동정녀 마리아로 분한
엘리자베스 1세**
1559
패널에 유채

신이라는 점을 심어주고 싶었다. 정치적 수완이 뛰어났던 여왕은 처녀이며, 성모 마리아보다 하루 앞서 태어났다는 우연의 일치도 정치적으로 활용했다. 백성들은 처녀성을 지닌 두 여성의 생일이 하루 차이라는 점을 신의 계시로 받아들였다. 엘리자베스 1세는 순결한 동정녀 마리아의 이미지를 빌어 백성들의 충성심을 이끌어내는 한편 강력한 통치력을 구축하는 데도 성공했다.

이런 과거 통치자들의 사례에 비추어 볼 때 오바마가 미술을 이미지 구축에 활용한 점은 유별나지 않다. 다만 다문화 가정에서 자랐던 오바마가 이슬람 국가들 사이에서 인기가 높았던 그림을 희망의 멘토로 삼았다는 것은 주목할 만하다. 혹 오바마는 미국이 테러국가로 낙인찍은 이슬람 국가들과 화해하겠다는 메시지를 그림을 통해 전달한 것은 아닐까?

미국 최초의 흑인대통령을 탄생시키는 데 공헌한 이 그림에는 흥미로운 일화가 꼬리표처럼 따라다닌다. 그림이 처음 공개되었을 당시 미술평론가들은 화가에게 '절망'이라는 제목이 더 잘 어울린다고 권유했지만, 왓츠는 희망이라는 제목을 고집했다고 전해진다.

왓츠가 희망이라는 제목에 집착한 속내가 궁금하다. 아마도 화가는 희망의 기원에 대해 잘 알고 있었는지 모른다. 그리스 신화에는 인류에게 불행과 희망을 동시에 안겨준 아름다운 여자가 나온다. 인류 최초의 여자인 그녀의 이름은 판도라. 판도라는 집안에 있는 다른 물건은 죄다 만져도 좋지만 단지만은 절대로 손대지 말라는 남편 에피메테우스의 경고를 무시하고 호기심을 이기지 못해 단지를 열었다. 판도라가 단지의 뚜껑을 여는 순간 그 안에 갇혀 있던 모든 것들이 밖으로 쏟아져 나왔다. 그것은 인간에게 불행을 가져다주는 온갖 질병과 가난, 고통이었다. 깜짝 놀란 판도라는 황급히 단지의 뚜껑을 닫았지만 인류를 파멸시키는 각종 재앙은 죄다 세상 밖으로 퍼져나간 이후였다. 단지의 밑바닥에는 단 한 가지가 남아 있었으니, 바로 희망이었다. 마지막 남은 희망으로 인해 인간은 고통스런 현실 속에서도 용기를 잃지 않고 삶을 지탱해간다는 이야기다.

그리스 신화가 우리에게 전하는 메시지는 의미심장하다. 흔히 사람들은 희망과 절망은 정반대라고 생각한다. 절망적인 상황에 처하면 희망을 꿈꿀 엄두조차 내지 못한다. 하지만 판도라 이야기는 희망과 절망은 동전의 양면이며, 희망이 없이는 절망도 없고 절망이 없이는 희망도 없다고 말하고 있는 것이다.

잃어버린 희망을 낚다

여기 희망을 갈망하는 인간적인 바람을 보여주는 또 한 점의 그림이 있다. 희망을 노래하는 화가로 알려진 안윤모의 〈희망낚기〉[03]다.

눈부신 순백의 새가 날개를 활짝 편 채 드넓은 하늘을 날아간다. 싱그러운 나무들이 먼 길을 떠나는 새를 축복하듯 숲을 초록빛으로 물들인다. 하얀 새는 나룻배를 등에 짊어진 채 힘차게 허공을 가른다. 뱃머리에 낚싯줄을 드리우고, 낚싯줄 끝에 분홍색 하트 모양의 심장을 장신구처럼 매달고 하늘을 날아간다.

분홍빛 심장은 사랑을 상징한다. 화가는 심장이 하트 모양은 아니라는 것을 잘 알면서도 심장을 하트로 표현했다. 비단 화가뿐 아니라 대다수의 사람들은 심장을 하트라고 믿는다. 언제부터 인간은 심장을 하트로 표현했고, 심장은 사랑을 상징한다고 믿게 되었을까? 중세부터다. 해부학적 지식이 없었던 중세인들은 심장을 생명력의 원천이며, 마음이 둥지

03
안윤모
희망낚기
2005
캔버스에 유채

를 튼 곳이며, 감정의 저장고로 여겼다. 사랑하는 사람의 아름다운 모습은 눈을 통과해 심장에 와 박힌다고 믿었다. 그 때부터 사람들은 사랑에 대한 믿음을 하트 형태의 심장을 빌어 표현했고 그 생각은 지금까지 이어지고 있다. 이 그림은 심장이 곧 사랑의 근원이라는 중세적인 사랑관이 안윤모에게 유전되었다는 점을 보여준다.

화가는 아득히 먼 순수의 시대로 되돌아가 낭만의 바다에 낚싯줄을 드리우고 사랑을 낚는 어부가 되고 싶었을까? 사랑을 하면 희망이 생긴다는 긍정의 메시지를 사람들에게 전하고 싶었을까?

안윤모에게 그림에 하필 〈희망낚기〉라는 제목을 붙였는지에 대해 물었을 때, 그는 마흔 살을 넘기면서 희망에 대한 갈망이 절박해졌다고 털어놓았다.

사람들은 삶의 종점을 향해 자신이 만든 배를 타고 여행을 시작한다. 수많은 꿈과 달콤한 사랑, 그 무엇보다 희망의 짐을 배에 가득 싣고 미지의 세계로 나아간다. 그러나 배는 짐으로 가득 찬 상태이기에 앞으로 나아가기란 결코 쉽지 않다. 사람들은 자신들이 싣고 온 짐들을 잃어버리기도 하고, 혹은 버려야 한다는 사실을 깨닫는다. 무거운 짐들을 바다에 던져버린 배는 가벼워져 순항할 수 있겠지만 목적지에 도착하면 사람들의 손에 아무것도 남아 있지 않게 된다. 빈손으로 남겨진 사람들은 희망을 낚기 위해 되돌아갈 수밖에 없다. 파도를 헤치고 풍랑과 싸우면서 희망을 낚기 위해 바다에 낚싯대를 던진다. 사람들은 인생이라는 항로에서 희망만은 반드시 낚아야 한다고 믿는다. 희망은 긴 항해에 등대가 되어주고, 세상에 존재하는 근원적인 이유가 되기에.

화가는 날쌘 물고기처럼 손가락 사이로 빠져 달아나는 희망을 잡고 싶은 사람들의 간절한 심정을 나룻배를 등에 짊어진 새에 비유한 것이다.

'희망' 편을 마무리하면서 미국 솔 음악의 대부로 평가받는 레이 찰스의 일생을 담은 영화 〈레이〉를 떠올렸다. 영화에서 인상적인 장면은 주인공 레이가 훗날 아내가 되는 델라와 첫 데이트를 하던 도중에 창문 밖의 벌새에게 귀를 기울이라고 말하는 순간이다. 델라는 레이의 엉뚱한 제안에 의아해하면서도 두 눈을 감고 조용히 귀를 기울인다. 그러자 미세한 떨림 같은 벌새의 날갯짓소리가 우주에 가득 퍼지지 않은가. 델라는 그 순간 대자연의 신비와 생명의 소중함을 깨닫게 되면서 레이에게 사랑을 느낀다. 신은 시각장애자인 레이에게 값진 보상을 해주었다. 그의 시력을 빼앗아간 대신 슈퍼 청각을 선물해 그가 전설적인 뮤지션이 될 수 있도록 했으니 말이다.

20세기 라틴 문학의 거장인 보르헤스도 시각장애인이었지만 육체적 형벌인 실명에 절망하지 않고 희망의 나날을 살아갔다. 그는 감은 눈 속에서 희망의 세계를 발견했다.

나는 그토록 사랑하던 눈에 보이는 세상을 잃어버렸어. 하지만 나는 또 다른 세상을 찾아냈지.

레이와 보르헤스는 우리에게 절망의 또 다른 이름은 희망이라고 말하고 있는 것이다.

재생

나비가 보여주는
인생의 아름다움

나비는 먹기 위해서나 늙기 위해서 생존하지 않는다.
오직 사랑하고 생산하기 위해 생존한다.
그러기 위해서 나비는 비할 데 없이 화려한 의상을 걸치고
절단선이나 색채, 비늘과 솜털 속에
다채롭고 정제된 언어로 존재의 비밀을 상징하는
자신의 몸체보다 몇 배나 큰 날개를 달고 있다.

_헤르만 헤세

장 도미니크 보비, 그는 프랑스의 유명 패션지인 〈엘르〉의 편집장이었다. 마흔세 살에 저명한 저널리스트가 된 그는 화목한 가정의 가장이며, 화려한 인맥을 과시하는 이른바 성공한 남자의 모델이었다. 그런데 인생의 황금기를 구가하던 그에게 끔찍한 불행이 닥친다. 보비는 갑작스런 뇌졸중으로 쓰러졌고, 3주 후 간신히 의식을 회복했을 때 몸을 전혀 움직일 수 없는 식물인간이 되었다.

절망에 빠진 보비에게 유일한 희망이란 왼쪽 눈꺼풀을 움직일 수 있다는 것. 보비는 언어치료사의 도움을 받아 왼쪽 눈을 깜박거리는 횟수와 알파벳을 연결시키는 방법을 터득했다. 그리고 눈꺼풀 언어로 하루에 반 페이지씩 15개월 동안 글을 써나갔다. 그는 초인적인 힘을 발휘해 무려 20만 번이 넘게 왼쪽 눈꺼풀을 깜박거려 130페이지의 책을 완성한 후 저세상으로 떠났다.

이 감동적인 이야기는 실화이며, 보비가 집필한 책은 《잠수복과 나비》라는 제목으로 출간되어 전 세계 독자들의 가슴을 울렸다. 보비가 책의 제목을 《잠수복과 나비》라고 붙인 것은 비록 자신의 육체는 잠수복에 갇힌 것처럼 움직일 수 없지만, 영혼만은 나비처럼 자유롭게 어디든지 날아갈 수 있다고 믿고 싶기 때문이다. 보비에게 나비는 행복하고 아름다웠던 시절의 추억이며, 다시는 되찾을 수 없는 잃어버린 시절에 대한 그리움이다. 추억과 그리움, 영혼을 상징하는 나비를 화가 안창홍의 그림에서도 만날 수 있다.

봄날 소풍을 나온 아이들이 능을 배경으로 기념사진을 찍는 장면이다. 04 오래전의 앨범에서 우연히 발견한 빛바랜 사진 같은 그림. 퇴색하고 흠집이 난 그림을 가만히 들여다보면 아련한 그리움이 느껴진다. '봄날은 간다'라는 유행가 가사처럼 애잔한 제목 때문일까? 아니면 흐릿한 화면 속에서 떼 지어 날아다니는 노랑나비 때문일까?

노랑나비 떼가 화려한 군무를 펼치는 순간 정지된 시간 속에 갇힌, 마치 채집된 나비처럼 미동조차 하지 않던 아이들이 생명을 얻어 말을 걸어온다. 아이들은 대체 무슨 얘기를 하고 있을까? 그림의 의미는 과연 무엇일까? 화가의 작업노트를 펼치면 궁금증을 풀 수 있다.

16년 전, 모처럼 집에서 밤을 보낸 어느 날 아침, 세수를 하고 얼굴에 로션을 바르려고 아내의 화장대를 기웃거리다가 손바닥 크기의 흑백사진 한 장을 발견했다. 커다란 무덤을 배경 삼아 여자아이들만 가로로 올망졸망 모여 앉아 찍은 단체사진이었다. 아내에게 물었더니 초등학교 4학년 봄소풍 때 김수로왕릉 앞에서 찍은 기념사진이라고 대답했다. 화장대 옆 창문을 통해 쏟아지는 아침햇살 속에서 한참 동안 손에 든 사진을 들여다보았다. 사진첩 속에서 한자리를 차지하지 못하고 오랜 세월 험하게 굴러다녔던 사진의 표면에는 많은 균열이 생겼고 모서리도 낡고 찢어

04
안창홍
봄날은 간다
2006
사진에 채색

진 상태였다. 이 불운한 흑백사진은 나를 매료시켰고 특별한 감흥에 젖어들게 했다. 커다란 왕릉이 상징하는 죽음과 권력의 허망한 종말, 찬란한 봄의 기운을 죄다 흡수해 버린 듯한 빛바랜 흑백사진의 우울함, 덧없는 세월의 풍랑을 예감한 듯한 여자아이들의 애어른 같은 무표정한 침묵이 나의 호기심을 자극했고, 눈길을 사로잡았다.

그후 사진은 작업실 벽에 붙여졌고, 그러는 동안 5년의 세월이 지나갔다. 작업을 시작하지 못한 이유는 게으름 때문이기도 했지만, 사진의 느낌을 캔버스에 옮길 것인가 아니면 확대된 사진 위에 작업할 것인가에 대한 결정을 좀처럼 내릴 수 없어서였다. 오랜 고민 끝에 사진은 전문가의 손에서 슬라이드 필름으로 다시 촬영, 인화되었고, 가로 400센티미터, 세로 207센티미터 크기의 패널에 부착되어 작업실로 운반되었다. 그렇게 패널을 벽에 세워놓은 지 8, 9년. 오며가며 틈날 때마다 사진을 바라보고, 때론 사진 앞에 철퍼덕 주저앉아 오랜 시간 생각에 잠겼다.

사진 속의 아이들은 마치 카메라를 응시하듯 무표정한 얼굴로 나를 바라보았다. 나 또한 그들을 바라보면서 사진 속의 아이들과 친해졌다. 얼굴을 익힐수록 아이들은 조심스럽게 마음의 문을 열고 저마다의 비밀을 털어놓기 시작했다. 때론 무척 혼란스러웠는데, 마흔네 명의 아이들이 한꺼번에 말문을 열었기 때문이다. 간혹 침묵을 지키던 담임선생님과 손녀를 따라온 할머니마저 40여 년 전 그날의 봄볕에 대하여 말을 걸어왔다.

우리는 마치 복화술로 대화를 나누듯, 안면 근육을 움직이지 않고 입술조차 움직이지 않은 채 수많은 이야기를 나누었다. 아이들은 미래의 빛바랜 얼굴들과 눈 밑에 패인 주름도 내게 보여주었다. 나는 관찰자가 되어 천진한 얼굴들 위에 드리워지는 구름의 그림자와 예정된 삶의 얼룩을 살펴보았다. 쉼 없이 왔다가는 세월의 덧없음과 쏜살같이 지나가는 시간의 꽁무니에 달랑달랑 메어 달린 슬픔의 덩어리를 보았고, 행복에 겨워 까르륵대는 어지러운 웃음소리도 들었다. 간간히 풍금소리와 종소리가 들려왔다. 가난한 부모님들의 한숨 소리도 섞여 있었다.

그림 속 나비는 기억 속에서 희미해진 순수했던 시절로 감상자를 데려가는 메신저다. 유년의 추억은 나비로 환생해 과거와 현재의 간극을 메워준다. 그래서일까? 안창홍은 나비가 등장하는 이 그림에 대해 유독 애착을 갖는다고 말한다.

인생의 봄날을 떠올리다

〈49인의 명상〉05, 06이라는 제목을 가진 연작 중의 두 점이다. 이 두 그림에서 나비는 죽음과 부활을 의미한다. 화면은 온통 노랗다. 두 남녀는 두 눈을 지그시 감고 명상에 잠겨 있다. 그림 속 남녀는 살아 있는 존재가 아닌 죽은 사람처럼 느껴진다. 아름답지만 섬뜩하고, 평화롭지만 마음을 뒤흔든다. 아마도 바탕색은 노랗고, 인물은 두 눈을 감고, 입술은 새빨갛고, 얼굴에는 나비가 붙어 있기 때문이리라. 두 남녀의 얼굴에 내려앉은 나비는 죽은 자의 혼령이면서, 죽음과 부활을 상징한다.

비단 안창홍의 그림에서뿐 아니라 세계 각지의 전설이나 민담에 나오는 나비는 죽음과 밀접한 관련이 있다. 기독교에서의 나비는 부활, 그리스에서의 나비는 혼과 불사신, 한국에서의 나비는 이승과 저승을 넘나드는 영매를 상징한다. 선인들은 나비를 보고 점(占)을 치기도 했다. '아랑의 전설'에서 죽은 사람의 영혼은 나비로 환생한다. 또한 일본에서의 나

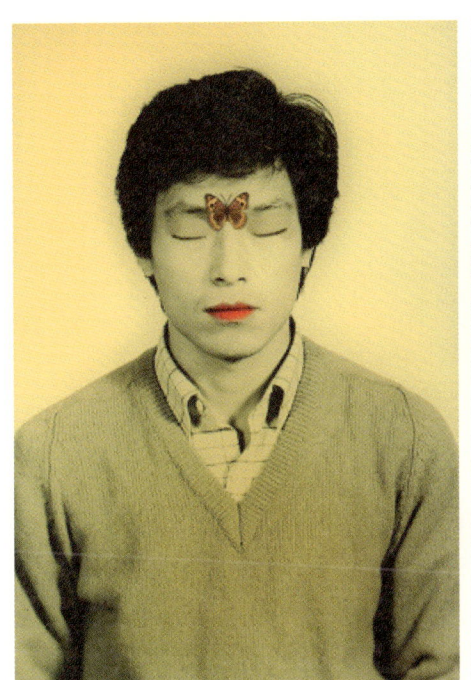 

05, 06
안창홍
49인의 명상
2004
패널 위에 사진, 아크릴릭, 잉크, 에폭시

비는 저승사자다. 일본 소설가 온다 리쿠의 《굽이치는 강가에서》에 다음과 같은 대사가 나온다.

"알고 있니? 나비는 죽은 자들의 나라에서 보낸 심부름꾼이라는 것을?"
"정말요?"
"응, 옛날 사람들은 그렇게 생각했대. 말하자면 불길한 존재인 셈이지. 나비가 죽은 사람의 영혼을 하늘나라로 안내한다고 믿었거든."

미술평론가 박영택의 글을 보면 나비의 의미가 더욱 확연해진다.

사진 속 얼굴은 무척 기이하다. 더러 눈을 감기기도 하고 입술만 붉게 칠해놓거나 얼굴 주변에 나비를 부착한 경우도 있다. 자기 안으로 침잠하듯 들어가거나 명상에 잠긴 듯, 혹은 열반에 들거나 영원한 휴지기로 접어든 존재들의 영면 같기도 하고 지상에서의 고단한 삶과 신난한 생애의 이력을 모두 다 뒤로 하고 비로소 맞이한 꿈 같은 휴식을 부여한 포즈 같다. 그는 마치 시신에 화장을 하고 염을 하듯, 알 수 없는 사람들의 이 오래된 흑백사진을 빌어 의식을 치루고 있는 것 같다. 인간은 죽음 직전까지 열심히 생의 욕망을 동원해 자신을 벼랑으로 내몰며 산다. 죽음이 비로소 브레이크를 걸어 그간의 멈춤 없던 생명활동을 종식시킨다. 그렇다면 죽음은 커다란 휴식이자 영원한 동면이다.

박영택이 지적했듯 이것은 죽은 자를 애도하는 그림이다. 화가는 지금은 사라진 사진관에 있던 주인 없는 증명사진을 구해 크게 확대했고, 그들의 눈을 감기고 입술에 빨간 립스틱을 발라주었다. 생명의 덧없음과, 삶과 죽음의 순환, 인간은 자연으로 회귀한다는 것을 말하기 위해서였다. 화가는 소멸할 수밖에 없는 생명체에 대한 연민을 다음과 같이 털어놓았다.

아직도 내가 모르는 우주의 수많은 비밀이 궁금하다. 애기똥풀의 노란 수액은 어떻게 만들어지는지, 노란 수액의 빛깔은 어쩌면 그토록 선명할 수 있는지 궁금하다. 일상 속에 내재된 이 모든 것들, 머지않아 소멸될 모든 살아 있는 것들. 이 세상의 모든 죽음들에 나는 이끌린다.

죽음은 두 남녀의 육신을 채집된 나비처럼 시간의 핀으로 영원히 못 박았다. 하지만 그 어떤 것도 이들의 영혼을 소멸시키지 못하리라.
그래서 이런 상상을 해본다. 혹 저 나비는 죽은 자를 꽃으로 착각한 나머지 그들의 얼굴에 살며시 내려앉은 것은 아닐까? 인생의 봄날을 기억속에 떠올리며 스스로 꽃이 된 사람들을 기쁘게 하기 위해서.

훨훨 날아라

안창홍에게 나비가 유년의 그리움과 죽음, 부활을 뜻한다면, 남경민에게 나비는 자유와 희망, 예술가의 정체성을 상징한다.

다음 그림[07]의 배경은 사람들에게 친숙한 실내공간이다. 그러나 낯익은 공간이 사람의 흔적조차 느껴지지 않는 한없이 낯선 공간으로 변신한다. 커다란 창문을 통해 실내로 스며드는 햇살이 가구와 커튼과 장식품 위에서 보석처럼 반짝거리기 때문일까? 아니면 부드러운 날갯짓을 하면서 공간을 부유하는 하얀 나비 떼 때문일까? 이 집의 주인은 사람이 아닌 나비일까? 하지만 창문은 굳게 닫혀 있다. 나비는 자유롭게 날아다니는 것처럼 보이지만 실은 탈출을 꿈꾸는 것인지도 모른다. 화가에게 나비는

07
남경민
두개의 의자 – 벨라스케스와 초대받은 N의 만남
2008
캔버스에 유채

과연 어떤 의미를 지녔을까?

언젠가 공기의 흐름을 타고 유연하게 몸체를 움직이면서 창밖에서 어두운 실내로 날아 들어오는 두 마리의 나비를 본 적이 있다. 이 장면은 무척이나 낯설고 생경한 초현실적인 느낌으로 나의 뇌리에 남았고, 그림의 소재로 등장하게 된 계기가 되었다. 그림 속에서 나비가 부유하는 공간은 나 자신을 포함한 쓸쓸한 현대인들의 의식에 자리한 고독한 공간이다. 아울러 누군가를 기다리는 희망을 상징하는 이중의 공간이기도 하다. 나비는 나의 내면의 상처입기 쉬운 예술적 자의식을 상징한다.

미술평론가 이선영에 따르면 나비는 이상향을 꿈꾸는 화가 남경민의 분신이다.

남경민의 작품에 많이 나오는 모티브 중의 하나인 창밖의 이상향을 향해 날아오르는 나비들은 작가의 내면이 강하게 투사된 것이라 할 수 있다. 작가는 나비가 '예술가로서의 미적 자의식'이자 '내면의 의식의 흐름'이라고 밝힌다. 유폐와 고독은 창문이라는 장치를 통해 희망으로 전이된다. 그녀의 작품에 나타나는 것은 언제나 실내에서 본 자연이다. 창밖의 세계로 모험하려하지 않고 실내에서 풍경을 동경할 뿐이다.

그림의 제목은 〈두 개의 의자 – 벨라스케스와 초대받은 N의 만남〉이다. 벨라스케스는 17세기 스페인 최고의 화가로 평가받는 화가의 이름이고, N은 남경민의 이니셜이다. 남경민은 작업노트에 그녀가 미술사의 대가와의 만남을 상상했던 과정을 상세하게 적었다.

 창문이나 문, 거울과 액자틀을 통해 공간을 확대하는 작업을 해온 나는 벨라스케스의 〈시녀들〉이라는 그림에 친근감을 느끼고 애착을 갖게 되었다. 시공을 초월한 공감이랄까, 혹은 교감이랄까. 만일 벨라스케스를 만나게 된다면 묻고 싶은 이야기가 정말로 많았다. 이 작품은 내가 그토록 흠모하고 동경한 벨라스케스를 만나는 상상의 순간을 그림에 표현한 것이다. 왼편 의자는 벨라스케스, 오른편 의자는 화가인 나의 존재를 상징한다. 거울 속에서 빠져나와 실내를 날아다니는 나비는 과거와 현재, 동양과 서양, 대가와 무명화가 등과 같은 간격을 이어주는 고리인 동시에 벨라스케스와 나의 정서적 교감을 상징하는 매개체다.

 다음 그림[08]을 보면 화가가 고독한 자신의 영혼을 실내에 갇힌 나비에 비유했다는 점을 거듭 확인할 수 있다. 예술가는 누군가 이 식탁에 앉기를 바라는 마음으로 그림을 그렸을 것이다. 그 초대받은 손님이란 아마도 그녀가 꿈꾸는 그리운 사람이리라.
 인간이라면 누구나 이 그림에서처럼 우아한 촛대와 투명한 크리스털 병, 책이 놓인 화려한 식탁의자에 앉아 벽면을 장식한 아름다운 그림들을 감상하면서 영원히 살고 싶은 욕망을 가질 것이다. 그러나 화가는 사람들이 갈망하는 물질적인 삶이 정작 스스로를 구속한다고 생각한 것 같다.
 그녀가 일상의 편안함과 행복을 반납하고 힘든 예술가의 길을 선택한 것도 꽃과 바람을 친구 삼아 자유롭게 날아다니는 나비의 삶을 동경했기 때문이리라. 예술가는 현실의 공간에서 해방되기를 바라는 자신의 심정

08
남경민
5개의 병이 있는 실내풍경
2000
캔버스에 유채

을 아름다운 나비에 투영했다. 그녀가 들판을 훨훨 날아다니면서 이 꽃에서 저 꽃으로 예술의 씨앗을 운반하는 희망의 나비가 될 수 있기를 진심으로 바라고 싶어진다.

나비를 꿈꾸다

한편 이희중의 그림[09]에 등장한 나비는 아름다운 여성을 쫓는 남자의 본성을 상징한다. 그림의 배경은 눈이 시리도록 깊고 푸른 밤이다. 하늘에는 둥글고 노란 달이 떠있다. 활짝 핀 진달래와 살구꽃의 농염한 향기가 잠든 나비를 깨웠던가. 나비가 하나둘씩 꽃을 찾아 날아든다.

이 그림은 화가가 꿈 속 풍경을 묘사한 것이다. 실재하는 나비는 빛이 없는 밤에 활동하지 않지만, 그림 속 나비는 자연의 이치를 거스르면서 꽃을 찾아 나섰다. 꿈 속의 풍경을 재현한 몽환적인 그림에서 꽃은 아름다운 여성, 밤나들이 가는 나비는 미녀를 탐하는 남성이다.

그림은 한국인의 정서를 담은 민화를 연상시킨다. 소나무, 달, 진달래, 매화, 나비, 계곡 등은 민화에 단골로 등장하는 전통적인 소재다. 민화와 다른 점이란 화가가 옛 그림의 정취를 현대적인 조형감각으로 재해석했다는 것. 전문가들이 이희중의 그림을 가리켜 한국적인 미의식을 세계인의 언어로 번역한 독특한 작품이라는 찬사를 보낸 것도 그런 이유에서다.

이희중이 민화를 현대적인 감각으로 재해석할 수 있었던 비결이란 무엇일까? 화가의 특이한 가족사와 그가 자란 환경이 결정적인 영향을 미쳤다. 이희중은 조상 대대로 서울 종로구 북촌 지역에 뿌리를 내리면서 살고 있는 북촌 토박이다. 화가의 작은할아버지는 삽화가, 아버지는 화가, 최초의 한국인 서양화가로 유명한 고희동은 화가와 사돈지간이다.

09
이희중
푸른밤
2004
캔버스에 유채

이런 가족력은 이희중이 자연스럽게 화가의 길을 선택하게 만드는 배경이 되었다. 또한 화가는 어렸을 적 마을 곳곳을 장식한 다양한 민화를 보면서 자랐다. 그런 화가에게 민화는 그림이기보다 가재도구처럼 편안하고 친근한 대상이었다.

민화란 민중의 고유한 신앙과 생활풍속, 정서를 표현한 그림을 말한다. 일명 속화, 혹은 겨레화로 부르게 된 것도 서민들의 애환과 토속신앙, 전설과 꿈 등을 화폭에 담았기 때문이다. 민화는 평범한 사람들의 미적 취향을 반영한 그림이었기에 예술감상의 대상이기보다 실생활에 필요한 용도로 제작되었다. 예를 들면 사랑방에는 책거리와 평생도, 안방에는 화조도와 산수화 병풍, 결혼식에는 모란과 연꽃 병풍, 환갑잔치에는 십장생도 병풍으로 실내를 장식했다.

일본의 미술평론가 야나기 무네요시가 "조선의 민화는 너무도 참신하고 자유로운 그림이다. 그 진가를 인정받을 날이 반드시 올 것이다"라고 극찬했던 민화는 안타깝게도 조선왕조의 몰락과 동시에 자취를 감추게 되었다. 하지만 이희중은 자유분방하고 독창적인 한국의 민화가 세계 각국의 민화 중에서도 가장 예술적 가치가 높다고 확신했고, 언젠가는 현대적인 조형언어로 민화의 아름다움을 재현하겠다고 결심했다.

그런 이희중에게 독일에서의 유학기간은 민화의 가치를 새롭게 인식하는 결정적인 계기가 되었다. 독일표현주의 회화의 대가들은 동양인 제자에게 유럽풍의 그림을 모방하는 대신, 독창적인 회화를 그리라는 충고를 아끼지 않았다. 즉 차별화된 그림을 그리지 않고선 세계적인 예술가로 대성할 수 없다는 얘기였다. 스승들이 말한 독창적이고 차별화된 그림이란 민화라고 확신한 이희중은 한국에 돌아온 이후 지금껏 옛 그림을

10
이희중
풍류기행
2004
캔버스에 유채

새로운 조형감각으로 재해석한 그림을 그리고 있다.

한국의 전통미에 매료된 이희중에게 나비는 특별한 의미를 지녔다. 옛 그림에서 나비는 화목과 평화, 소중한 인연을 상징했다. 조상들은 나비가 한가롭게 날아다니는 모습을 그린 그림을 집안에 걸어두면 근심과 걱정이 사라지고 평화를 얻을 수 있다고 믿었다.

또한 나비는 풍류를 즐기는 한국인의 분신이기도 하다. 그래서 이희중의 그림에는 나비가 자주 등장한다. 〈풍류기행〉[10]이라는 제목을 가진 이 그림의 주인공도 진달래꽃에 내려앉은 하얀 나비다.

화가는 한국적 지형의 특성을 나타내는 둥근 산을 중첩시킨 독특한 구도에 마치 자수를 놓듯 꽃, 나무, 탑, 절, 바위, 구름 등을 화려하게 배치했다. 그림 속 선비들은 자연경관의 아름다움을 몸소 느끼기 위해 산천답사에 나섰다. 두 선비는 지팡이를 짚고 가파른 산을 오르는 중이고, 또 다른 선비는 높다란 바위에 올라 화려하게 펼쳐진 경치를 내려다본다.

이희중은 자연풍경을 감상하면서 마음의 여유를 찾는 선비정신을 나비에 투영했다. 사람이 나비처럼 아름다워지는 세상. 그것이 바로 이희중이 꿈꾸는 세상이다.

지금껏 나비가 주제인 작품들을 감상하면서 예술가들에게 나비가 어떤 의미를 지녔는지 살펴보았다. 비단 예술가뿐만 아니라 평범한 사람들도 나비에게 쉽게 매혹당한다. 사람들이 나비에게 이끌리는 것은 흉한 애벌레의 껍질을 벗고 눈부시게 아름다운 모습으로 거듭나기 때문이다.

트리나 포올러스의 《꽃들에게 희망을》이라는 책을 펼치면 감동적인 장면이 나온다. 노랑애벌레는 우연히 늙은 애벌레 한 마리가 나뭇가지에 거꾸로 매달려 힘들게 고치를 짓는 모습을 보게 된다.

동정심이 생긴 노랑애벌레는 "무슨 사고가 난 것 같은데 제가 도와드릴까요?"라고 묻는다. 그러자 늙은 애벌레는 이렇게 대답한다. "괜찮아, 나비가 되기 위해서는 이런 힘든 과정을 반드시 거쳐야 한단다. 나비는 아름다운 두 날개로 꽃에 담긴 달콤한 이슬을 마시며 이 꽃에서 저 꽃으로 사랑의 씨앗을 운반해주지. 만일 나비가 없다면 세상에는 꽃이 죄다 사라지고 말거야. 세상에 가득 꽃을 피우려면 수많은 나비가 필요하단다."

노랑애벌레는 자신의 징그러운 몸체 속에도 황홀한 나비의 자태가 깃들어 있다는 사실을 깨닫고 스스로 실을 뽑아 고치를 만들면서 나비의 꿈을 실현한다. 부활의 꿈을 상징하는 나비이기에. 소설가 헤르만 헤세는 이렇게 나비를 예찬했으리라.

나비는 먹기 위해서나 늙기 위해서 생존하지 않는다. 오직 사랑하고 생산하기 위해 생존한다. 그러기 위해서 나비는 비할 데 없이 화려한 의상을 걸치고 절단선이나 색채, 비늘과 솜털 속에 다채롭고 정제된 언어로 존재의 비밀을 나타내는 자신의 몸체보다 몇 배나 큰 날개를 달고 있다. 나비는 보다 강렬하게 생존하기 위해, 번식의 축제가 더욱 빛나도록, 이성을 매혹시키고, 유혹하기 위해 생존한다.

나비는 감옥처럼 어둡고 단단한 삶의 고치 속에 들어가 참고 인내하면 아름다운 존재가 될 수 있다고 말한다. 혹독한 통과의례를 거치면 황홀한 나비로 변신할 수 있다는 희망을 심어준 경이로운 존재인 나비!

가난 ....

세상 모든 인간은 가난하다

쓰레기통을 뒤지면서 먹을 것을 찾고 있다.
무엇인가 발견되면 앞뒤 가릴 것 없이,
냄새조차 맡을 겨를도 없이 걸신들린 듯 뜯어먹는다.
아니 통째로 삼키고 마신다.
끔찍하게도 이 동물은 개, 고양이, 쥐도 아니었다.
오, 하나님,
그것은 바로 인간이었다.

__M. 반디이

한국에서는 재능이 뛰어난 예술가를 후원하는 사람을 만나기가 무척이나 힘들다. 미술애호가들도 예술가를 후원하라고 권유하면 돈 많은 예술가를 굳이 지원할 필요가 있느냐면서 손사래를 친다.

대다수의 사람들은 미술가들은 돈을 잘 번다고 지레짐작한다. 미술품은 명품 중의 명품, 황금알을 낳은 거위, 가장 매력적인 재테크, 심지어 미술품 투자가 주식보다 이윤이 많이 남는다고 주장하는 사람도 있다. 사람들은 왜 예술가를 부자로 여기는 것일까? 아마도 언론매체를 통해 세계적인 미술품경매에서 유명예술가들의 작품이 천문학적인 가격에 거래되는 뉴스를 자주 접하기 때문이리라. 물론 예나 지금이나 미술품을 구매하는 수집가들은 대부분 부유층이다.

그러나 미술품을 사는 사람들은 부자일지라도 공급자인 예술가는 가난에 허덕인다. 독자에게는 믿기지 않겠지만 극소수의 블루칩 화가를 제외한 대다수의 예술가는 월수입이 몇 십만 원에 불과한 극빈층이다. 더욱 놀라운 사실은 국내 예술가의 약 80퍼센트가 마흔 살이 되기 전에 예술가의 길을 포기한다는 것. 그 이유란 경제적인 어려움이다.

미술작품이 화랑이나 경매에서 잘 팔리기 위해서는 전제조건이 있으니, 명성을 얻거나 대중적 취향을 겨냥한 맞춤형 작품을 제작하는 것이다. 하지만 그 일이 어디 말처럼 쉬운가. 특히 수집가들이 구매하기 꺼리하는 설치예술, 뉴미디어 작업을 하는 예술가의 경제적 고통이란 상상을 초월한다. 그 무엇보다 예술가를 지치게 하는 것은 스스로 가난을 선택했고, 언제라도 마음만 바꾸면 궁핍함을 벗어날 수 있다는 생각이다. 가난은 예술가의 꿈을 포기하도록 유혹하는 세이렌의 목소리다.

보이는 그대로의 삶

예술가와 가난은 어울리지 않는 조합이라고 믿는 사람들에게 추천하고 싶은 그림이 있다. 프랑스의 농민화가로 불리는 장 프랑수와 밀레(Jean Francois Millet)의 농촌화다.

밀레는 가난한 농부들이 힘겹게 일하는 모습을 그림에 표현한 최초의 화가로 평가받고 있다. 농가에서 태어난 그는 농민들이 겪는 가난을 몸소 체험했고, 농민의 눈으로 세상을 바라보았기에 이렇게 말할 수 있었다.

나는 농부로 태어났고, 영원한 농부로 남을 것이다. 왜 감자를 재배하는 사람의 노동은 다른 활동에 비해 흥미를 끌지 못하고 더 고귀하게 보이지 않는다는 말인가.

다음 그림[11]은 밀레가 가난한 농부들의 편에 섰던 화가라는 사실을 증명한다. 그림의 배경은 추수가 끝난 '샤이' 들판이다. 세 여자가 가을걷이 뒤에 남겨진 이삭을 줍는다. 두 여자는 얼굴이 땅에 닿을 듯 허리를 구부렸

11
장 프랑수와 밀레
이삭줍기
1857
캔버스에 유채

고, 다른 여자는 노동의 무게에 짓눌린 양 구부정하게 몸을 구부린 채 허리를 펴지 못한다. 이런 힘겨운 몸동작에서 여자들이 지나치게 일을 하고 있고, 육체적 피로가 극에 달했다는 것을 짐작할 수 있다.

이삭 줍는 여자들은 농장에 고용된 농부가 아니다. 가을걷이가 끝난 들판에 떨어진 낟알들을 줍지 않으면 끼니를 연명할 수 없는 빈민들이다. 이삭을 줍는 일이란 낟알을 손으로 한 알 한 알 주어야만 하는 힘들고 고된 노동이기 때문이다. 그런데도 이 그림이 그려질 당시에 가난한 사람들은 이삭을 줍는 일조차 시의 허가를 받아야만 했다. 낟알을 줍는 일마저도 당국의 허가를 받아야 할 만큼 굶주린 사람들이 그만큼 많았다는 얘기다.

밀레는 여자들의 굶주림과 고통스런 처지를 강조하기 위해 화면을 치밀하게 연출했다. 낟알을 줍는 여자들의 얼굴은 가린 반면 손은 노출시켰다. 세 여자의 손은 뭉툭하고, 햇볕에 붉게 탔고, 가물은 논처럼 거칠게 갈라졌다.

화가는 삶의 음지와 양지를 선명하게 대비시키기 위해 여자들이 이삭 줍는 곳은 어둡게, 배경의 추수하는 곳은 밝게 표현했다. 화면 뒤쪽에는 농부들이 수확한 곡식을 마무리하느라 분주하게 움직이는 모습이 보인다. 말에 올라탄 농장감독은 추수한 곡식을 짐수레에 싣는 일꾼들을 감시한다. 건초더미와 수레에 산더미처럼 채워진 곡식은 부유한 농장주의 기름진 배를 더욱 살찌게 할 것이다. 그리고 그 부유함은 가난한 사람들의 심적 고통을 배가시킬 것이다.

화면 앞쪽의 궁핍함은 화면 뒤쪽의 풍요를 넘볼 수 없다. 밀레는 한 줌의 낟알을 주어 끼니를 연명하는 극빈층과 넘치는 부를 과시하는 상류층을 경계선으로 나누어 빈부격차의 실체를 통렬하게 고발하고 있는 것이다.

농민들의 뼈저린 가난과 힘든 노동의 실상을 적나라하게 드러낸 〈이삭줍기〉는 1857년 살롱에 출품되면서 프랑스 사회에 일대 파문을 일으켰다. 여론은 극명하게 엇갈렸다. 보수진영은 누더기를 걸친 허수아비, 더러운, 저속한, 추악한 그림이라면서 밀레를 맹렬하게 공격했고, 진보진영은 농촌의 현실을 솔직하게 반영한 걸작이라고 극찬했다.

보수파가 밀레의 그림을 대대적으로 공격한 것에는 그럴만한 까닭이 있다. 당시 프랑스 정부는 2월 혁명의 여파로 극심한 정치적 혼란기를 겪고 있었다. 정치적 격변기에는 빈민들의 일상을 그림의 주제로 삼은 것만으로도 충분히 위협적이었다. 정부정책에 불만을 표출하는 정치적 항의로 해석될 수 있었다. 더구나 프랑스 당국은 소외계층의 불만을 잠재우기 위해 농촌에서 가난을 퇴치하겠다는 사탕발림용 발언을 일삼고 있었다.

정치적으로 민감한 시기에 농민들의 비참한 실상을 까발리는 듯한 밀레의 그림은 가난퇴치를 부르짖는 정부의 약속이 거짓임을 만천하에 드러내는 한편 자칫 사회 불만세력과 연계해 체제전복을 시도하는 도화선이 될 수 있었다.

그런 이유에서 보수층은 밀레를 민중봉기를 부추기는 선동미술가로 내몰면서 인신공격에 나선 것이다. 비단 보수층이 아니라도 그림에 표현된 농촌풍경은 암울하고 비관적으로 느껴진다. 겉으로는 농민의 일상을 묘사하고 있지만 내심 농민들이 착취당하는 현장을 적나라하게 고발하고 있으니까.

보수파는 사회불안을 조장하는 불온한 그림이라고 격렬하게 비난했

12
장 프랑수와 밀레
괭이를 든 사람
1863
캔버스에 유채

지만 진보진영은 찬사를 보냈다. 찬사의 내용이란 다음과 같다. '농촌의 현실을 자연주의적 시각에서 솔직하게 재현한 위대한 그림' '빈곤에 대한 감상이나 과장이 아닌 솔직한 탐구' '진실하고 정직한 예술의 전형' 등이었다. 이렇게 동일한 그림에 대한 비평계의 반응은 극과 극으로 양분되었다.

같은 그림을 다르게 보는 사람들

밀레는 〈이삭줍기〉로 파문을 일으킨 이후 10여년 동안 보수파의 인신공격에 시달렸다. 그러나 화가는 위축되기는커녕 농민들의 비참한 실정을 고발하는 그림들을 적극적으로 발표했다. 앞의 그림[12]은 〈이삭줍기〉보다 농민들의 빈곤을 더욱 섬뜩하고 처참하게 묘사했다.

 한 농부가 황무지를 괭이로 파헤치다가 기운이 죄다 빠져 버렸다. 농부는 더는 버틸 힘이 없었던가. 괭이자루에 간신히 몸을 기대고 서서 가쁘게 숨을 몰아쉰다. 농부의 두 눈은 푹 꺼지고 입술은 하얗게 말라붙었다. 구부정한 어깨, 낡고 헤진 옷은 농부가 얼마나 힘들고 궁핍한 상태에 놓여있는지 보여준다. 가난한 농부가 굶주림에서 벗어날 수 있는 유일한 길이란 척박한 땅을 갈아엎어 농사를 짓는 일, 그러나 저 대지를 보라. 말이 땅이지 사막과 다를 바가 없다. 밀레는 화면 왼쪽에 가시덤불을 묘사해 농부의 삶 자체가 가시덤불이라고 항변하고 있다. 혹사당하는 농민의 모습을 실감나게 표현한 이 그림은 밀레가 보수진영에게 선전포고를 한 셈이 되었다.

 당연히 보수파는 발끈했다. 보수파를 대변하는 비평가 폴 드 생빅토르는 "이 농부는 방금 농사일을 끝마쳤는가, 아니면 살인을 했는가"라고 비아냥거렸다. 그는 그림 속 농부를 당시 부녀자연쇄살인범 뒤몰라르에 비유하면서 농부가 열네 번째 희생자의 뼈를 묻고 있다면서 화가를 조롱했다.

농사일에 지친 가난한 농부의 모습을 적나라하게 묘사한 밀레의 그림은 당시 유행한 농촌화와는 너무도 달랐다. 19세기에 농촌화는 대중적인 인기를 끌었는데 대부분 이삭을 줍거나 씨 뿌리는 농부들을 이상적으로 미화하거나 노동의 미덕을 찬양하는 교훈적인 그림들이었다.

17세기 스페인 화가인 바르톨로메 에스테반 무리요(Bartolome Esteban Murillo)의 다음 그림[13]을 보면 가난을 미화시킨 그림의 의미가 무엇인지 알 수 있다.

무리요의 그림에 등장한 빈민들은 힘든 환경 속에서도 품위를 잃지 않고 해맑은 심성을 지닌 아름다운 인간의 전형이다. 그의 그림을 보면 부자보다 가난한 사람들이 더 맑고 순수한 영혼을 지녔다는 느낌을 받게 된다.

화가는 낡고 헤진 옷을 입은 두 소년이 과일을 맛있게 먹는 장면을 묘사했다. 화면 오른쪽의 소년은 무릎에 멜론을 올려놓고 칼로 잘라 입안이 볼록해지도록 먹는다. 얼마나 급히 과일을 깨물었으면 소년의 왼손에 쥔 멜론 조각에 이빨자국이 선명하게 새겨졌을까? 소년 곁의 또 한 아이는 흙바닥에 주저앉아 한 손에는 친구가 건네준 멜론조각을 쥐고 다른 한 손으로 포도송이를 입안으로 집어넣는다. 고개를 뒤로 젖히고 포도를 먹는 소년의 목을 타고 달콤한 포도즙이 넘어가는 소리가 들리는 것만 같다.

두 소년의 닳아 해진 옷과 지저분한 맨발은 그들의 가난을 얘기하지만

13
바르톨로메 에스테반 무리요
포도와 멜론을 먹고 있는 아이들
1645년경
캔버스에 유채

역겨운 느낌은 전혀 들지 않는다. 더없이 다정한 눈길로 친구를 바라보는 두 소년의 얼굴에 세상에 이만한 행복이 또 있을까 하는 기색이 역력하다.

무리요의 시절, 부자들은 성서의 가르침을 실천하는 의미에서 빈민들을 이상적으로 묘사한 그림을 화가에게 주문하곤 했다. 자애는 그리스도가 강조한 가장 중요한 미덕이었다. 축복받은 빈자들, 지상에 사는 온순한 자들이라는 성서의 구절은 그림의 인기 주제가 되었다. 부자들은 가난한 사람들이 주인공인 그림을 보면서 자애의 필요성을 마음에 되새기곤 했다. 일종의 미술을 통한 부유층의 소외계층 끌어안기였다.

그러나 밀레는 가난한 사람들을 감상적으로 묘사하지 않았다. 가난을 미화하는 대신 빈곤의 실체가 고스란히 드러난 농촌화를 그렸다. 그래서 미술비평가 에밀 베레랑은 "밀레는 자연 그대로인 프랑스 농부들의 삶을 깊이 이해하고 사랑했다. 그리고 농부라는 존재를, 그 모습 그대로 재현해 우리들에게 영원히 각인시켜주었다"라고 찬사를 보낸 것이다.

밀레의 그림을 보면서 이런 생각이 들었다. 살아가면서 가난을 경험하지 않은 사람이 과연 몇이나 될까? 여기에서 가난이란 물질적인 곤궁함만을 의미하지 않는다. 정신이나 마음의 결핍도 가난이다. 사랑에 굶주리고, 인정에 굶주리고, 돈에 굶주린 사람들. 배가 고파서, 권력이 고파서, 명예가 고파서 고통 받는 사람들. 따지고 보면 세상사람 모두가 가난한 자가 아닌가.

'가난한 사람들의 어머니', '빈자의 성녀'로 추앙받는 마더 테레사의 어록에 이런 글이 적혀 있다.

당신의 나라에서 사람들은 아무런 불편 없이 살아가는 것처럼 보이겠지만, 분명 마음이 굶주린 사람들이 많이 있을 거예요. 누구에게도 필요한 존재가 아닌, 아무에게도 사랑받지 못한다는 마음의 가난, 그것은 한 조각의 빵에 굶주린 것보다 훨씬 더 심각한 가난이라고 나는 생각해요.

마더 테레사는 가난한 사람이 왜 있느냐는 질문에 "우리가 나누어주지 않기에"라고 답했고, 가난을 해결할 수 있는 방법을 묻는 질문에는 "우리가 서로 나누면 된다"라고 대답했다.

1998년 하버드 의과대학에서 '테레사 효과(Theresa effect in Calcutta)'라는 의학논문을 발표해 세계적인 화제를 불러일으킨 적이 있다. 마더 테레사의 이름을 딴 테레사 효과란 봉사활동을 하는 것은 물론 선한 일을 하는 장면을 상상하거나 보는 것만으로도 신체 내의 악성바이러스와 싸우는 면역물질이 증가한다는 이론이다. 이것은 무엇을 뜻할까? 남에게 봉사하고 베푸는 삶을 사는 사람은 건강하고 오래 살 수 있다는 명백한 증거가 아닌가.

사람들은 가진 것 없어 나눠줄 수 없다고 입버릇처럼 말하지만 마음의 상처를 치유해주는 따스한 위로의 말, 행복을 느끼게 해주는 사랑스런 미소도 나눔이며 베풂이다.

마더 테레사는 작은 행동도 훌륭한 봉사가 될 수 있다고 사람들에게 가르쳐주었다.

인생을 살아가면서 우리는 위대한 일들만 할 수는 없다. 위대한 사랑을 통해서 작은 일들을 할 수 있다. 당신이 누군가에게 미소를 지을 때마다 그것은 사랑의 행동이 된다. 미소는 그 사람에게 선물이 된다. 그것은 너무도 아름다운 행동이다.

   일상이 봉사라고 생각하는 사람들이 늘어날수록 세상은 그만큼 행복해진다.

떠남

알을 깨고 비상하는 자유

나는 문명의 껍질을 벗겨내고 평화롭게 살고 싶어
파리를 떠나려는 것입니다.
나는 아주 소박한 예술을 하고 싶습니다.
그러기 위해서는 나를 새롭게 바꾸는 노력이 필요합니다.
나의 관심사는 기계 문명에 오염되지 않은 자연 속에서
야성을 간직한 원주민들처럼 살아가면서
마음속에 떠오른 이미지를 마치 어린아이처럼
순수하게 표현하는 것입니다.

_폴 고갱

무릉도원, 낙원, 이어도, 에덴동산, 아르카디아, 엘도라도, 아발론. 현실 세계에서는 찾을 수 없는 이상향을 뜻하는 단어들이다. 출구가 없는 삶의 비상구를 찾아 헤매다 지친 사람들은 고달픈 인생을 견디기 위한 방편으로 상상 속의 나라를 건설했다. 이상향은 절망에 빠진 사람들에게 유예된 희망을 의미한다.

　서머셋 모옴의 소설 《달과 6펜스》에는 이상향으로 가기 위해 인생을 다 걸었던 한 화가의 극적인 삶이 그려져 있다. 소설의 줄거리는 다음과 같다. 증권거래원 스트릭랜드는 마흔 살이 되던 해, 돌연 가정과 직장을 버리고 화가의 길을 선택한다. 그 후 그는 파리를 떠나 먼 이국의 섬인 타히티에 정착한다. 그가 문명세계를 떠나 오지에 정착한 것은 원초적 본능을 충족시키면서 예술혼을 불태우기 위해서였다. 스트릭랜드는 타히티에서 미술사에 빛나는 걸작들을 제작했지만, 예술적 재능을 인정받지 못하고 비참한 최후를 맞게 된다. 그리고 그의 분신과도 같은 작품마저 불타버린다.

　《달과 6펜스》에 나오는 이단아 스트릭랜드의 모델은 야성의 화가로 불리는 폴 고갱(Paul Gauguin)이다. 스트릭랜드와 고갱은 실제로도 닮은 점이 많다. 고갱은 주식중개인으로 성공해 가족과 함께 유복하게 살면서도 또 다른 세상을 꿈꾼다. 아마추어 화가로 입문한 그는 인상파 화가들과 교류하면서 그림을 그리다가 1883년 주가폭락을 계기로 직장을 그만두고 전업 작가가 되었다. 문명의 구속을 싫어하고 본능에 충실했던 고갱은 자신만의 처녀지를 개척하고 싶어 했다. 간절히 원하면 꿈은 이루어지던가. 그는 마흔세 살에 평소 동경한 남태평양 폴리네시아 섬을 이상향으로 낙점 찍고 파리를 떠났다. 아마도 이런 극적인 떠남이 없었다면 화가 고갱의 전설은 생겨나지 않았으리라.

고갱은 꿈의 지도를 펼치고 이상향으로 떠난 낭만적인 예술가의 전형이 되었다. 고갱이 대중적인 인기를 누리는 것도 현실이라는 감옥에서 탈출해 꿈을 실현한 자유인의 모델이기 때문이다.

그림 '고상한 야만인'으로 불리는 고갱의 그림을 감상하면서 떠남이 그의 예술에 어떤 영향을 끼쳤는지 살펴보자.

떠난 삶에서 얻은 기쁨

다음은 타히티 원주민들의 풍속과 자연풍경을 묘사한 그림[14]이다. 그림의 제목은 〈아레아레아〉, 즉 기쁨이다. 커다란 나무 그늘 아래 앉은 여자가 타히티의 전통악기인 비보(vivo)를 불고 있고, 하얀 옷을 입은 여자는 홀린 듯 음악에 귀를 기울인다. 화면 앞의 개는 코를 킁킁거리면서 땅의 정기를 맡는 중이고, 화면 뒤편의 여인들은 폴리네시아 토속신을 경배하는 '타무레'라는 전통춤을 추고 있다. 고갱은 원주민들이 느끼는 삶의 기쁨을 강조하기 위해 빨강과 초록, 노랑 등 강렬한 원색으로 인물과 풍경

14
폴 고갱
아레아레아(기쁨)
1892
캔버스에 유채

을 색칠했다. 목가적인 풍경 속에서 인생의 기쁨을 만끽하는 타히티 여성들을 묘사한 그림은 원초적 본능을 충족시키려고 시도했던 화가의 욕망이 선명하게 드러나 있다.

고갱은 타히티 여성들의 야성미에 진심으로 매혹당했던 서양인 화가였다. 당시 대다수의 화가들은 인종적 우월감에서 유럽인의 미적 취향을 강요하는 그림을 그렸다. 예를 들면 이국의 미인들을 그릴 때도 얼굴은 유색인이 아닌 유럽의 미녀로 묘사하곤 했다. 하지만 고갱은 무늬만 토속인이 아닌 실재하는 원주민 여자를 그렸다. 타히티 전통의상인 파레오를 걸친 그림 속 여자들은 넓적한 코, 두툼한 입술, 갈색 피부 등 전형적인 타히티 인의 특성을 지녔다.

고갱의 눈에 비친 타히티 여성들은 가식과 겉치레에 관심을 쏟는 유럽 여성들에게서 찾을 수 없는 야성적 매력을 지닌 '에덴의 이브'였다. 윤리 도덕의 노예가 되어 욕망을 억누르는 유럽 여성들과 달리 타히티 여성들은 본능에 충실했다. 고갱은 원초적인 욕구에 충실한 타히티 인들의 열린 성의식과 성차별이 없는 사회에 강한 자극을 받았다. 화가는 이렇게 말했다.

여자에게는 남자다운 기상이 있고 남자에게는 여성스런 면이 있다. 두 성이 서로 닮았으니 그들의 관계는 편안하다. 늘 벗고 살다보니 도둑질이나 모험에 대한 잡념도 생기지 않는다. 그들은 순진무구하게 성을 갈망한다.

또 다른 글을 보면 고갱이 그토록 동경하던 지상낙원에서 원주민들과 함께 살게 된 기쁨이 얼마나 큰지 실감하게 된다.

유럽에서는 끊임없이 일해야만 겨우 욕구를 충족시킬 수 있다. 사람들은 늘 배고픔과 비참함에 허덕인다. 그러나 천국의 주민 타히티 인들에게 인생이란 감미로움, 그 자체다. 그들에게 삶이란 노래하고 사랑하는 것이다.

다음 그림[15]은 고갱이 타히티를 지상의 천국으로 여겼다는 사실을 나타낸다.

그림의 제목인 〈이아 오라나 마리아〉는 타히티 어로 '아베 마리아' 즉, 성모 마리아를 뜻한다. 붉은색 파레우를 입은 여자는 성모 마리아, 무등을 탄 남자아이는 아기 예수다. 두 명의 타히티 여자가 성모자에게 경배를 드린다. 놀랍게도 성모와 아기 예수, 예배하는 여자들은 모두 폴리네시아 인이다. 백인이 아닌 검은 피부를 지닌 성모자가 그림에 등장하게 된 상상을 초월한 일이 벌어졌다. 성모자를 경배하는 여자들도 서구식의 기도가 아닌 타히티 식 예배를 드린다. 타히티 토착풍습에는 양손을 맞잡는 행위가 존경과 숭배를 의미한다. 신에게 바치는 제물도 폴리네시아의 토종 산물이다. 제단에는 야생의 빨간 바나나, 빵나무 열매, 주발에 담긴 노란 바나나 등 열대과일로 차려져 있다.

당시 유럽 교회는 성서의 내용을 토속신앙과 결합하는 것을 철저히 금지하고 있었다. 그런데도 화가는 성서의 이야기를 토착민의 풍속과 언어로 바꾸는 등 서구문명의 근간인 기독교를 모독하는 불경스런 짓을 저질렀다. 고갱은 왜 성서를 남태평양 버전으로 만들었을까?

15
폴 고갱
이아 오라나 마리아(아베 마리아)
1891
캔버스에 유채

그림의 배경인 마타이에아 주민의 대다수는 가톨릭을 믿었다. 고갱은 토착화된 성서이야기가 원주민들의 신앙심을 고취시키는 데 도움이 된다고 생각했다. 고갱은 '타히티 판' 성화가 무척 마음에 들었던 듯 친구인 몽프레에게 자랑 섞인 편지를 보냈다.

날개를 달고 있는 두 천사가 두 명의 타히티 여자에게 마리아와 예수를 가리키고 있네. 마리아와 예수도 타히티 인이라네.

자신만의 세상을 창조한 창조주

이쯤 되면 독자는 고갱이 오지로 떠나게 된 계기와 타히티에서 겪었던 일들이 궁금해지리라.

고갱이 파리를 벗어나 남태평양에 정착한 것은 원시미술과 원시적인 삶이 서구예술이나 문명보다 월등하다고 믿어서였다. 고갱의 시절, 진보적인 화가들은 원시예술에서 창조적 영감을 얻으려고 시도하고 있었다. 예술가들은 유럽의 전통회화인 아카데미 미술에서는 찾아보기 힘든 생동감과 순수함을 비유럽권 문화에서 발견했다. 예술가들이 관심을 가진 대표적인 지역은 동방, 북아프리카, 남태평양의 섬이었다. 고갱은 기술문명에 오염되지 않은 원시문화에 대한 갈망을 가장 파격적으로 실천한 화가였다. 그는 1891년 〈에코 드 파리〉지 쥘 위레와의 인터뷰에서 자신의 속내를 드러냈다.

나는 문명의 껍질을 벗겨내고 평화롭게 살고 싶어 파리를 떠나려는 것입니다. 나는 아주 소박한 예술을 하고 싶습니다. 그러기 위해서 나를 새롭게 바꾸는 노력이 필요합니다. 나의 관심사는 기계 문명에 오염되지 않은 자연 속에서 야성을 간직한 원주민들처럼 살아가면서 마음속에 떠오른 이미지를 마치 어린아이처럼 순수하게 그림에 표현하는 것입니다. 그것은 오직 원시적인 표현수단만으로 가능합니다.

타히티에 정착해 열정적으로 그림을 그리던 고갱은 지상낙원에서 제작한 열대그림을 파리에서 전시하기를 원했다. 자신의 갑작스런 떠남을 비난하는 아내와 자식들과 화해하는 한편, 동료화가들에게 새로운 그림을 과시하고 싶었다. 그 무엇보다 돈이 절실하게 필요했다. 고갱은 1893년 6월 가까스로 파리 행 여비를 마련한 후 타히티를 떠났다. 화가는 타히티를 떠나는 감회를 작가노트에 이렇게 적었다.

잘 있거라. 고상하고도 유쾌한 섬이여. 이곳의 무지한 야만인들은 노쇠한 문명인에게 세상살이를 가르쳐 주었다. 타히티에 와서 나이를 두 살이나 더 먹었지만 스무 살은 더 젊어진 것 같다. 이곳에 도착했을 때보다 더 야만인이 되었지만 그만큼 더 많은 것을 알게 되었다.

고갱은 1893년 11월 파리의 뒤랑 뤼엘 화랑에서 보란 듯 귀국전을 열었고 마흔여섯 점의 그림과 두 점의 조각을 선보였다. 그러나 고갱의 기대와는 달리 남태평양 풍의 그림은 파리 미술계의 비웃음을 받았다. 수집가와 관람객들의 반응도 싸늘했다. 미술평론가 모클레르는 '조잡하고 야만적인 작품'이라고 비난했고, 언론은 '아이들을 웃기려면 고갱의 전시회에 데려가시오'라는 조롱조의 기사를 실었다. 실망한 고갱은 자신이 아끼던 그림을 뤽상부르그 미술관에 기증하겠다는 의사를 밝혔지만, 미술관 큐레이터에게 거절당하는 수모를 겪었다. 하지만 이런 모멸감도 스웨덴 출신의 세계적인 극작가이며 소설가인 스트린드베리가 고갱에게 입힌 상처에 비하면 가벼운 것이었다.

고갱은 자신의 화실을 자주 방문하던 스트린드베리에게 전시회 도록의 서문을 요청하는 편지를 보냈지만, 스트린드베리는 다음과 같은 편지로 냉정하게 거절했다.

나는 당신의 예술을 이해하지 못하기에 좋아할 수도 없습니다. 내가 당신의 작업실에서 본 그림에는 어떤 식물학자도 본 적이 없는 나무와 퀴비에(프랑스 동물학자)마저도 상상할 수 없는 동물들, 오직 당신만이 창조할 수 있는 인간들이 있었습니다. 바다는 화산에서 흘러나오는 듯하고 하늘에는 신이 살지 못할 것 같았습니다. 나는 당신에게 이렇게 말했습니다. 고갱 선생은 새로운 땅과 하늘을 창조했지만, 나는 선생이 만들어낸 세상에서 살기 싫습니다. 황혼을 좋아하는 제게 선생의 태양은 너무 밝고, 선생의 낙원에 사는 이브는 제 이상형이 아닙니다. 당신의 정체는 과연 무엇일까요? 문명의 족쇄를 싫어하는 야만인, 창조주를 시샘한 나머지 틈만 나면 자신만의 작은 세상을 창조해내는 거인족의 운명을 타고난 사내일 뿐입니다. 아니, 새로운 장난감을 만들기 위해 자신의 장난감을 부숴 버리는 어린아이입니다. 다른 사람들의 눈에 하늘은 파랗게 보이지만 당신의 눈에는 빨갛게 보입니다. 당신은 무엇이든 부정하고 반항하려고 합니다.

스트린드베리의 편지에 격분한 고갱은 즉각 답장을 보냈다.

친애하는 스트린드베리 씨, 오늘 당신의 편지를 받았습니다. 언젠가 제 화실에서 기타를 치면서 노래를 부르던 당신을 본 순간 서문을 부탁해야 겠다고 마음먹었습니다. 그 때 당신은 북구인의 새파란 눈빛으로 벽에 걸린 내 그림들을 뚫어지게 바라보았습니다. 그 때 나는 당신의 눈길에서 반항의 예감 같은 것을 느꼈습니다. 아마도 당신의 문명과 내 야성이 충돌했던 것일테지요. 당신은 문명세계에서 고뇌하지만, 나는 야성에서 생명력을 발견합니다. 오직 나만이 퀴비에와 식물학자들조차 몰랐던 원시세계를 그릴 수 있습니다. 그림을 현실로 만드는 것과 꿈을 현실로 만드는 것에는 엄청난 차이가 있지만, 그것은 그다지 중요하지 않습니다. 마음속의 행복을 그리는 것만큼 큰 희열은 없을 테니까요.

미완의 낙원 타히티

고갱에게는 더욱 큰 시련이 닥쳤다. 희망에 부풀어 파리로 돌아왔건만 그림은 거의 팔리지 않은데다, 아내 메테와의 관계도 걷잡을 수 없이 악화되었다. 귀국전에서 한 가지 위안을 얻었다면 신세대 예술가들이 고갱을 우상처럼 숭배하게 되었다는 점이었다. 하지만 분노와 절망감에 사로잡힌 고갱은 1894년 다시 파리를 떠나 타히티로 향했다. 타히티로 되돌아온 고갱은 타히티 수도인 파페에테에서 오지의 숲속으로 거처를 옮겼다.

지상낙원이던 타히티는 타락한 천국으로 변질되고 있었다. 프랑스 식민지였던 타히티에 서구문명이 유입되면서 남태평양 고유의 문화와 풍습이 사라지고 있었다. 타히티 여성들은 서구인들을 상대로 버젓이 성매매를 했고, 그 바람에 성병이 만연했다. 경제적 이권을 둘러싼 정치적 암투가 벌어지면서 검은 에덴의 동산은 급속하게 타락했다. 이에 염증을

16
폴 고갱
우리는 어디서 왔으며 무엇이며 어디로 가는가
1897
캔버스에 유채

느낀 고갱은 밀림 속으로 들어가 원주민 오두막에 거처를 마련하고 그림에 몰두했다. 그가 예술혼을 불태운 증거는 폭 376센티미터, 높이 141센티미터에 달하는 거대한 그림으로 나타난다.

그림의 제목의 〈우리는 어디서 왔으며 무엇이며 어디로 가는가〉[16]이다. 우주적이면서 철학적인 제목을 지닌 거대한 이 그림은 고갱이 제작한 작품 중 최고 걸작이라는 찬사를 받고 있다. 자신에게 죽음이 다가온 것을 예감한 고갱은 걸작을 남기겠다는 절박한 심정으로 그림을 그렸다. 1개월도 채 안되는 짧은 기간에 밑그림도 그리지 않고 미친 듯이 몰입해 완성한 그림이었다.

그림의 배경은 울창한 숲속이다. 화면에 다양한 표정과 자세를 취한 남녀와 개, 염소, 새 등이 등장했다. 가장 눈에 띄는 인물은 화면 한 가운데 고개를 들고 과일을 따는 남자다. 남자는 에덴동산에서 선악과를 따는 이브를 닮았다. 화면 뒤편의 청색 여신상도 눈길을 끈다. 청색 신상은 토속여신상이며, 서구문명에 저항하는 타히티의 정체성을 상징한다.

고갱은 상징적인 의미로 가득한 그림을 이렇게 풀이했다.

그림은 화면 오른쪽에서 시작되어 왼쪽에서 종결된다. 인간의 탄생에서 죽음에 이르는 과정을 묘사했다. 그림 오른편의 아기는 탄생을, 그림 왼편의 어두운 표정을 지은 채 쭈그리고 앉은 노파는 죽음을 상징한다.

고갱은 인생에 대해 우주적인 질문을 던지는 생애 최대의 걸작을 완성한 직후 자살을 시도했으나 실패했다. 화가는 스스로 선택한 낙원에서 자살을 시도했다. 지긋지긋한 가난, 가장 사랑했던 딸 알린의 죽음, 건강마

저 악화되면서 자살을 결심하지 않을 수 없는 지경에 이르렀던 것이다. 당시 고갱의 참담한 심정은 그가 몽프레에게 보낸 편지에서 엿볼 수 있다.

죽기 전에 마음속에 담아둔 대작을 그려보고 싶었네. 한 달 내내 미친 듯이 밤낮으로 작업에 몰두했네. 건강이 회복되기는 어려울 것 같네. 이제 내 그림을 팔아줄 사람도, 먹을 것을 살 수 있도록 보증을 서줄 사람도 찾을 수 없네. 이런 절망적인 상황에서 내가 어떻게 계속 살아갈 수 있겠나. 죽음 이외는 대안이 없네. 죽음만이 이 모든 고통에서 나를 해방시켜 주겠지.

화가는 자살이 실패한 과정도 몽프레에게 상세히 털어놓았다.

개미떼가 내 시신을 해체할 수 있도록 산 속으로 들어갔네. 권총을 구하지 못해 습진에 걸렸을 때 사용하려고 둔 비소를 먹었네. 복용량이 너무 많았던지 구토를 했고, 그래서 약의 효력이 약화되었는지 아무튼 고통스런 하룻밤을 보내고 집으로 돌아올 수밖에 없었네.

고갱은 1903년 5월 8일 마르키즈 제도 히바오아 섬의 항구마을 아투나오에서 쉰네 살로 생을 마감했다. 그의 떠남은 뒤늦게 보상을 받았다.
고갱은 사망하기 직전에 몽프레에게서 희망이 담긴 편지를 받았다.

요즘 파리에서는 자네를 비범하고 위대한 화가로 평가하고 있네. 남태평양 한가운데에서 새롭고 누구도 모방할 수 없는 독창적인 예술을 창조한 기인이라고 부르고 있네. 자네 이름이 미술사 연감에도 실렸으니 이제 영생을 누릴 수 있겠네.

이제 '떠남' 편을 마무리 지을 시간이 되었다. 고갱은 꿈을 실현하기 위해 안락한 둥지를 버리고 떠남을 선택했다. 스스로 선택한 유배지에서 인생의 제2막을 살면서 미술사에 빛나는 업적을 남겼다.

비단 예술가뿐만 아니라 평범한 사람들도 살아가면서 둥지를 떠나고 싶은 충동을 받곤 한다. 떠나야 하는 이유는 다양하다. 공부를 하려고, 견문을 넓히려고, 신선한 자극을 받으려고, 경험을 쌓으려고, 새로운 생활을 시작하려고, 자신을 되돌아보려고, 고통에서 벗어나려고 등등. 그러나 집과 직장, 연인, 친구 곁을 떠나야겠다고 다짐하면서도 막상 실행하지 못하고 주저앉는 경우가 대부분이다. 그럴듯한 핑계를 대면서 떠나지 못한 자신을 변명하기도 한다. 왜? 익숙한 곳을 떠나 새로운 삶을 시작하는 일, 즉 낯선 곳에서의 체험이 못내 두렵기 때문이다.

고갱의 위대함은 갈망을 실행으로 옮겼다는 점에 있다. 그는 어떻게 그런 용기를 낼 수 있었을까? 자신이 무엇을 진심으로 원하는지 잘 알고 있었다. 물론 그의 떠남에 박수를 보내기보다 비난하는 사람들도 있다. 서구 부르주와 남성의 모델이며, 인종차별과 성적 우월성이 깔린 허구의 삶을 추구한 몽상가라고 공격한다. 고갱의 요란한 여성편력과 미성년자인 타히티 소녀와 동거한 사실을 사례로 들면서, 그가 오직 성적 쾌락을 추구하기 위해 타히티로 떠났다고 깎아내린다.

하지만 고갱을 비난하는 사람들도 그가 떠남을 통해 꿈을 현실로 바꾸었다는 점만은 인정한다. 고갱에게 떠남은 우주로의 여행, 진정한 자신과 만나는 여정, 알을 깨고 비상하는 자유였다. 그렇지 않았다면 화가는 떠남을 망설이는 사람들을 자극하는 말을 남기지 않았을 것이다.

내 심장의 고동 소리 이외는 아무 소리도 들리지 않는다. 침대에 누우면 얼기설기 엮은 오두막 이엉 사이로 마치 악기를 타는 듯 달빛이 스며드는 것이 보인다. 내 오두막은 우주고 자유다.

인생

자신만의 길을 걷다

길은 순수하다.
길은 나무, 풀밭, 눈, 산, 강물, 바다 등과 같은
자연의 위대한 힘으로 도시민들을 끌어드린다.
길은 인생 그 자체다.

_케루악, 《길 위에서》 중에서

흔히 사람들은 인생을 길에 비유하곤 한다. 그래서 인생행로, 인생여정이라는 단어가 생겨났을 것이다. 시인 윤동주는 한국인의 애송시인 〈서시〉에서 삶에 대한 결연한 의지를 길에 은유했다.

별을 노래하는 마음으로
모든 죽어가는 것을 사랑해야지.
그리고 나한테 주어진 길을 걸어가야겠다.

미국의 시인 로버트 프루스트도 〈가지 않은 길〉에서 이렇게 노래했다.

나는 똑같이 아름다운 다른 길을 선택했습니다. / 그 길에는 풀이 더 많이 나 있고 사람이 걸은 흔적은 더 적어, / 아마 더 걸어야 될 길이라고 생각했던 것이지요. / (…) 먼 훗날 나는 어디선가 한숨을 쉬면서 이야기하겠지요. / 숲 속에 두 갈래 길이 있었다고, / 나는 사람이 적게 간 길을 선택하였다고, / 그리고 그것 때문에 모든 것이 달라졌다고.

17
이영희
삶의 길
2000
캔버스에 유채

두 시인이 노래한 인생의 길을 그림으로 표현한 화가가 있다. 바로 길의 화가로 불리는 이영희다.

신선한 공기가 대지에 촉촉이 스며드는 신새벽.17 사람의 발길로 다져진 흙길을 따라 나무들이 줄지어 서 있다. 친환경 새벽빛이 숲을 푸르게 물들였던가. 공기도, 흙도, 나무도 명상에 잠긴 듯 고요하고 청정하다. 세상만물이 평온을 누리는 화면에서 유독 눈길을 끄는 것은 수많은 발자국들이 만들어낸 흙길이다. 나무와 풀, 야생화와 눈빛을 맞추고, 새소리에 귀를 기울이면서 느릿느릿 걸어가고 싶어지는 길, 나지막한 흙 언덕을 넘어 어디론가 떠나고 싶은 충동이 들게 하는 길, 저 땅에 발을 내딛으면 몸과 자연은 하나가 되고 스스로 아름다운 풍경이 될 것 같은 길.

화면에 스며든 푸른빛은 희망을 상징한다. 화가는 인간은 희망을 찾아 길을 떠나가는 존재라고 말하기 위해 새벽빛과 흙길을 한 쌍으로 짝지은 것이다.

독자도 느꼈듯 이 풍경화를 보는 순간 그림이 아닌 실제 풍경으로 착각하게 된다. 화가가 흙길의 정취와 질감, 나뭇가지, 풀 한 포기, 잎맥까지도 실제보다 더 실제처럼 공들여 묘사했기 때문이다. 손품을 판 흔적이 역력한 그림은 흙길만을 그리는 화가의 심성과 기질을 쏙 빼닮았다. 이영희가 디지털 시대에 아날로그식 그림을 고집하는 까닭은 무엇일까? 미술평론가 서성록의 글에 그에 대한 해답이 들어 있다.

이영희의 작품은 순전히 손에 의해 만들어졌다. 어떤 기계장치도 빌리지 않은 '재래식 그림'이라는 뜻이다. 저 흔한 스프레이나 콜라주, 전사의 방식도 거치지 않고 꼬박 캔버스 앞에 앉아서 근성을 가지고 풍경을 완성시켰다. 이영희처럼 풍경을 정치하게, 나아가 대기의 흐름마저 실어 묘사하기란 결코 쉬운 일이 아니다. 어떻게 이런 작업이 나왔는지 궁금해 그의 붓을 보자고 했다. 그랬더니 작가는 팔레트에 가지런히 도열해 있는 붓을 보여주었다. 얼핏 1호도 안 되는 붓이 무수히 널려 있었다. 그는 더 세밀한 묘사에 들어갈 때 동양화에서 사용하는 극세필용 붓을 사용한다고 했다.

신발에 묻는 흙을 두려워 말라

화가는 왜 숲속의 길을 그림의 주제로 삼았을까? 아니, 수많은 길 중에서 하필 질박한 흙길을 선택했을까? 이영희는 이렇게 말한다.

> 사람이 태어나 걷고, 세월이 흐르면서 길이 생겨났습니다. 그 길 위로 수많은 사람들이 오고갔고, 그 길을 따라 마음과 마음이 이어졌습니다. 그리고 굽이굽이 돌아가는 길에는 삶의 애환이 서려 있습니다. 언덕길에는 고단한 인생사가 무수한 발자국처럼 박혀 있습니다. 길에는 수많은 사람들의 삶의 역사가 오롯이 묻어 있습니다.

이영희는 인간의 역사가 된 길을 찾기 위해, 천연 그대로의 흙길과 만나기 위해 한국의 오지를 찾아다닌다. 그가 반듯하고 잘생긴 길을 마다하고 굳이 거칠고 투박한 흙길을 찾아 나선 것은 인생은 흙길과 같다고 믿기 때문이다. 하긴 언젠가는 흙으로 돌아갈 운명을 지닌 인간에게 자연 그대로의 모습을 간직한 흙길보다 더 친근한 것이 있을까.

하지만 거칠고 험한 삶보다 쉽고 편안한 삶을 선택하는 사람들이 늘어나는 세태가 반영되었는지, 이영희가 원하는 흙길과 만나기란 결코 쉽지 않았다. 화가가 그리고 싶었던 길이란 사람과 개의 발자국이 정답게 찍혀 있는, 달구지가 지나간 흔적이 새겨진, 땅의 속살이 드러난 흙길이었다. 그러나 힘들게 찾아간 벽촌의 흙길에도 옛 정취는 사라지고 없었다.

추억이 되어버린 흙길이 그리워 이영희는 북한 땅으로 발길을 돌렸다. 북한에는 옛 정취를 간직한 길이 많을 것이라고 판단했다.[18,19] 그리고 그는 그토록 찾아 헤매던 흙길을 북녘땅에서 발견했다. 구불구불한 흙길과 언덕은 시골아낙네의 손길처럼 거칠면서 정겹다. 자연이 디자인한 밭과 들판은 소박함과 질박함을 고스란히 간직하고 있다.

화가는 북녘 야산의 오솔길을 걸으면서 한국적 토속미가 생생하게 살아 있는 흙길의 정취에 푹 빠졌다. 나무가 없는 헐벗은 북한의 산과 들은 1950~60년대 한국의 풍경을 그대로 옮겨 놓은 것 같았다. 그곳에는 빌딩이 들어서고 대로가 만들어지기 이전의 한국의 자연풍경이 고스란히 보존되어 있었다. 화가는 자신이 원하는 길과 만나게 된 기쁨을 이렇게 말한다.

남쪽 땅에는 옛길이 거의 없어졌어요. 산업화 과정에서 사라지고 말았습니다. 도로는 직선이고, 포장되었고, 정겨운 언덕도 대부분 자취를 감추었습니다. 그 잃어버린 옛길과 옛 언덕을 북녘 땅에서 되찾을 수 있었습니다. 흙냄새 나는 옛 정취가 그대로 보존된 길을 보면서 한 폭의 아름다운 풍경화를 보는 것 같은 감동을 받았습니다. 얼마나 반가웠던지요.

이영희는 한국의 토종길과 만나기 위해 네 차례나 북한을 방문했다.

18
이영희
단동 가는 길
2008
캔버스에 유채

19
이영희
만포 가는 길
2006
캔버스에 유채

2002년 금강산, 2006년 6월 평양과 묘향산, 2007년 2월과 6월 강원도 고성의 시골 땅을 답사했다. 내친김에 2007년 6월에는 다롄과 단동을 거쳐 두만강까지 여행하면서 원초적인 자연을 체험했고 그 감동을 그림에 재현했다. 화가는 북한의 흙길을 캔버스에 그리면서 소박한 꿈을 갖게 되었다.

기회가 주어지면 북한 땅을 자주 밟아보고, 그곳에서 전시도 하고 싶습니다. 남과 북의 가로막힌 마음의 길을 뚫는 일에 내 그림이 조금이나마 보탬이 되었으면 하는 바람입니다. 길이 주제인 그림은 계속해서 그릴 생각입니다. 국내뿐 아니라 동남아, 티베트, 인도, 중남미에도 가고 싶습니다. 그러기 위해서는 체력이 튼튼해야 하니까 등산을 합니다. 바위를 탄 지도 어언 7년이 넘었습니다.

이영희의 풍경화를 보면서 이런 생각이 들었다. 저 흙길을 걸어가려면 신발에 흙이 묻는 것을 겁내지 말아야 한다고. 신발에 흙을 묻히지 않고, 인생의 고단함과 장애물을 극복하지 않고, 삶의 길을 끝까지 걸어갈 수 있는 사람은 없다고.

고흐는 왜 구두를 그렸는가

세계에서 가장 유명한 화가인 빈센트 반 고흐(Vincent van Gogh)도 이영희와 비슷한 생각을 가졌던가. 삶의 여정을 흙이 묻은 구두에 비유한 그림[20, 21]을 남겼다.

낡고 해진 검은 구두에 진흙이 잔뜩 묻었다. 누가 방금 신발을 벗었던

20
빈센트 반 고흐
구두 한 컬레
1886
캔버스에 유채

가. 구두끈은 느슨하게 풀려 있는 상태다. 노란색 배경에 지저분한 검정 가죽구두 한 켤레가 화면 한가운데 놓여 있을 뿐이다. 그런데도 그림은 사람의 마음을 강하게 끌어당긴다. 헌 구두를 표현했을 뿐인데도, 신발 주인이 겪었을 삶의 쓸쓸함과 고단함의 무게에 가슴이 아려온다.

흔히 사람들은 신발을 가리켜 육신의 껍데기라고 부른다. 시인 김경윤이 〈신발의 행자〉라는 시에서 "이 세상에 와서 한평생을/누군가의 바닥으로 살아온 신발들/그 거룩한 생애에 경배하는/나는 신발의 행자다"라고 노래했듯이.

인간에게 신발은 발을 보호하거나 치장하는 도구에 그치지 않는다. 질병을 치료하고, 행운을 빌고, 신데렐라 동화에서 드러나듯 성애의 대상이 되기도 한다. 한국의 옛 풍속에는 정월 대보름날 신발을 감추는 풍습이 있었다. 사람들은 몽달귀신이 자기 발에 맞는 신발을 신고 가는 일이 생기면 신발의 임자에게 불행이 닥친다고 믿었던 것이다.

고흐는 굽이 닳고 가죽이 헤진 헌 구두를 벼룩시장에서 구입해서 몇 번이나 그렸다고 전해진다. 화가는 왜 낡은 구두를 그림으로 그려야만 했을까? 비록 구두가 생명체는 아니지만, 그 어떤 사람보다 인간에 대해, 삶의 고달픔에 대해 더 많은 얘기를 해준다고 생각했었을까?

그림 속 구두는 감상자의 상상력을 자극한다. 고흐가 그린 신발의 주인은 과연 누구일까? 신발주인은 구두를 벗어놓고 어디로 갔을까? 혹 삶의 길을 헤매느라 지쳐서 신발을 벗고 잠시 휴식을 취하고 있을까? 지저분하지만 신성하게 보이는 고흐의 구두는 세계적인 철학자와 미술사학자들의 관심을 끌었고, 숱한 논란의 대상이 되었다.

논쟁의 실마리를 제공한 사람은 독일의 철학자인 하이데거였다. 하이데거는 1930년 암스테르담에서 열린 한 전시회에서 고흐의 그림을 보고 감명을 받았다. 철학자는 1935년에 발표한 〈예술작품의 기원에 대하여〉라는 논문에서 예술작품의 의미를 보여주는 대표적인 작품으로 고흐의 구두를 소개했다.

낡은 신발 안쪽으로 보이는 어두운 틈새로 신발주인의 고단한 발걸음이 응고되었다. 딱딱하게 주름진 구두에는 거친 바람이 부는 넓은 밭고랑 사이를 힘들게 헤치고 나아가는 농부의 발걸음의 무게가 두껍게 채워져 있다. 구두 가죽에 대지의 축축함과 풍요로움이 스며 있고, 구두 밑창에는 해가 질 무렵 들판의 정적이 묻어 있다.

하이데거는 신발주인은 농촌의 여자라고 단정했다. 그런데 1968년 미국의 미술사학자인 마이어 샤피로가 하이데거에게 정면으로 도전장을 던져, 구두의 주인은 농촌아낙이 아닌 화가 자신이라고 주장하고 나섰다. 샤피로는 "고흐의 시절, 네덜란드 농민들은 너무 가난해서 가죽구두를 신을 형편이 되지 않았다"고 반박했다. 그림 속 구두는 고흐가 파리 몽마르트 거리를 밟고 다닐 때 신었던 신발이 분명하다는 것이다.

프랑스의 철학자 자크 데리다도 뒤늦게 구두 논쟁에 가담했다. 그는 저서 《회화의 진리》에서 구두는 한 켤레가 아닌 각각 다른 신발의 한 짝들을 모았고, 그것은 왼쪽 구두라고 주장했다. 세계적인 석학들이 구두를 둘러싸고 뜨거운 논쟁을 벌이면서 고흐의 낡은 구두는 더욱 유명세를 떨치게 되었다. 이제 고흐의 입장에서 생각해보자.

고흐는 평소 화가인 자신을 대지에 씨를 뿌리고, 키우고, 수확하는 농

21
빈센트 반 고흐
구두
1886
캔버스에 유채

부에 비유하곤 했다. 그렇다면 이런 추측이 가능해진다. 고흐는 예술작업이 얼마나 힘든 노동인지, 예술가의 길이 얼마나 험난한지 알리기 위해 혹은 예술가의 식량이 그림이라는 것을 보여주기 위해 흙 묻은 헌 구두를 그림에 표현했던 것은 아닐까? 마치 이를 증명이라도 하듯 화가는 이런 글을 남기지 않았던가.

나는 삶의 길에서 부닥치는 고난과 역경은 우리를 힘들게 하지만, 그런 한편 도움이 된다는 믿음을 갖고 살아갑니다. 오늘 우리를 병들게 하고 절망에 빠뜨리는 불행도 병에서 회복되는 내일이면 삶을 새롭게 살아갈 수 있도록 하는 에너지가 되니까요.

인간은 마음속에 새로운 세계를 답사하고 싶은 갈망을 품고 산다. 그리고 그 꿈을 실현하기 위해 땅과 바다, 하늘, 심지어 마음에도 길을 낸다.

사람들은 꿈을 배낭인양 등에 짊어지고 인생의 길을 걸어간다. 가끔은 길을 잃고 헤매는 수많은 발자국이 땅에 흠집을 내고, 그 상처의 흉터가 모여 길을 만들기도 한다.

만일 그대들이 인생이란 무엇인지, 진실되고 참다운 인생이 무엇인지 알고 싶다면, 고흐의 구두를 신고 이영희의 그림 속으로 들어가 흙길을 걸어보라.

그 길을 밟으면서 영화 〈죽은 시인의 사회〉에서 나왔던 대사를 음미해보라. 교사 존 키팅이 학생들에게 로버트 프루스트의 시 〈가지 않은 길〉을 낭송하면서 인생의 길을 걷는 방법을 이렇게 가르쳐주었듯이 말이다.

사람은 누구나 남들에게 인정받고 싶은 강한 욕구를 지녔다. 하지만 자신만이 지닌 독특한 개성을 믿어야 한다. 이제부터 여러분도 자신의 길을 스스로 걷도록 하라. 방향과 방법은 각자 자유롭게 선택하라. 그것이 자랑스럽든 바보 같든. 자, 여러분 이제 걸어보아라.

행복 ....

.... 즐겁지 않다면 무슨 소용인가

비가 내릴 때 피할 수 있는 곳.
우울할 때 마실 수 있는 뜨겁고 진한 커피 한 잔
남자라면 위안을 주는 담배 한 개비,
외로울 때 읽을 수 있는 책 한 권
사랑하는 사람과 함께 있을 수 있는 것,
그런 것들이 바로 행복을 느끼게 해주는 거야.

_베티 스미스, 《나를 있게 한 모든 것들》 중에서

그리스 철학자인 아리스토텔레스는 "인간은 세상의 그 무엇보다 행복을 추구한다"고 말했다. 인간이란 존재는 태어난 순간부터 본능적으로 행복을 갈망한다는 뜻이다. 철학자인 플라톤, 토마스 아퀴나스, 스피노자, 쇼펜하우어, 사상가인 러셀, 파스칼, 알랭, 소설가인 톨스토이 등과 같은 위인들도 인간에게 가장 소중한 감정은 행복이라고 얘기한다. 하긴 사람들에게 행복이 얼마나 소중한 감정이면 각 나라의 헌법에 행복추구권이 명시되어 있을까? 예를 들면 한국의 헌법에는 "모든 국민은 인간으로서의 존엄과 가치를 가지며, 행복을 추구할 권리가 있다(10조)"라고 명시되어 있다.

과연 행복이란 무엇인가? 미국의 역사학자인 대린 맥마흔은 시대에 따라서 행복에 대한 의미도 달라졌다고 주장했다. 고대 그리스인들에게 행복이란 미덕이었고, 로마인들에게 행복은 번영과 신성한 은혜, 기독교인들에게 행복은 하나님과 동의어였다. 한편 18세기 계몽주의시대의 행복은 지상에서의 열락(悅樂)이었고, 현대인들에게 행복은 물질을 의미한다.

하지만 행복의 가치와 의미에 대해 알게 되었다고 행복해지는 것은 아니다. 과연 어떻게 하면 행복해질 수 있을까? 법정스님에 따르면 행복의 비결이란 불필요한 것을 갖지 않는 무소유, 그리고 함께 나누는 삶이다.

우리는 필요에 의해서 물건을 갖지만, 때로는 그 물건 때문에 마음이 쓰이게 된다. 따라서 무엇인가를 갖는다는 것은 다른 한편 무엇인가에 얽매이는 것. 그러므로 많이 갖고 있다는 것은 그만큼 많이 얽혀 있다는 것이다. 더 이상 나눌 것이 없다는 생각이 들 때에도 나눠라. 아무리 가난해도 마음이 있는 한 나눌 것은 있다. (…) 세속적인 계산법으로는 나눠 가질수록 잔고가 줄어들 것 같지만, 출세간적(出世間的)인 입장에서는 나눌수록 더 풍요로워진다.

또한 일본 작가인 엔도 슈사쿠는 행복의 조건은 재미라고 말한다. 거창한 이상이나 야망을 실현하기 위해 과도한 스트레스를 받는 대신 자신이 진심으로 원하는 삶을 선택해서 즐겁게 살면 행복을 누리게 된다는 것이다.

장미빛 안경을 끼고 세상을 보다

엔도 슈사쿠가 말한 자신이 좋아하는 일을 하면서 행복한 삶을 살았던 화가가 실제로 존재했다. 바로 인상주의 화가인 피에르 오귀스트 르누아르(Pierre-Auguste Renoir)다. 르누아르는 '행복의 화가'라는 별명을 가질 만큼 평생에 걸쳐 행복한 감정을 감상자에게 전파하는 그림들을 그렸다.

다음 그림[22]은 화가와 그의 친구들이 센 강변 라 그르뉴에르 근처 샤투에 위치한 알퐁스 푸르네즈 식당 테라스에서 음식을 먹으면서 떠들썩하게 노는 장면을 그린 것이다. 르누아르는 청춘남녀가 야외에서 여가를 즐기는 모습을 담은 그림에 인생의 기쁨과 행복을 모두 담았다.

젊음, 친구, 사랑, 대화, 여유, 음식, 술, 과일 등등 흥겨운 분위기에 도취된 젊은 남녀들은 단 한 번도 인생의 음지를 경험 한 적이 없는 것처럼 보인다. 삶이란 축제요, 살아 있는 이 순간을 실컷 즐겨야 한다고 생각하는 것 같다. 그림에서 사랑의 감정이 싹트고, 후덥지근한 열기가 느껴지고, 유쾌하게 떠드는 소리가 들리는 것 같다. 바라만 보아도 저절로 행복해지는 그림을 보면 대중들이 르누아르의 그림을 왜 그토록 좋아하는지 이해할 수 있게 된다.

르누아르에게 그림이란 아름답고 행복한 것이어야 했다. 화가는 삶의 양지만을 그리고 싶었고 실제로도 그렇게 했다. 그의 그림에 슬퍼하거나 추한, 화내거나 심각한, 상처를 입거나 고통을 겪는 사람을 위한 자리는 없었다. 폐허가 된 삭막한 풍경도 화가의 손길이 닿는 순간 행복이 넘치는 동화의 나라로 변모하곤 했으니까.

화가는 그림이 팔리지 않아 경제적 고통에 시달리던 시절에도 앞날에 대한 걱정이나 자신의 처지를 비관하지 않았다. 마치 우울한 기분을 추방이라도 하듯 더욱 밝고 감미로운 그림을 그렸다. 그는 불행을 박멸하고 지옥을 낙원으로 바꾸는 행복의 연금술사였다.

비평가들은 르누아르가 즐겁고 유쾌한 삶의 분위기를 그림에 표현한 점을 인정했다. 평론가 옥타브 미르보는 르누아르는 우울한 그림을 결코 그려본 적이 없는 거의 유일하고도 위대한 화가라는 찬사를 보냈다.

반면 인생의 어두운 부분에는 눈을 감아버리고 의도적으로 밝은 부분만 그렸다고 비난하는 사람들도 있었다. 그 중 대표적인 사람은 소설가

22
피에르 오귀스트 르누아르
뱃놀이 일행의 오찬
1881
캔버스에 유채

모파상인데 '르누아르는 장미빛 안경을 끼고 세상을 바라보았다'라면서 화가를 깎아내리기도 했다.

하지만 르누아르는 자신을 비난하고 헐뜯는 소리에도 개의치 않고 본성이 요구하는 아름다운 그림들을 계속해서 그렸다. 그는 천성적으로 외향적이며 낙천적인 사람이었다. 이는 '나는 삶의 온갖 기쁨에 젖어 살면서 그것을 느낄 필요가 있다. 앞으로도 영원히 그럴 것이다'라고 말한 것에서도 확연하게 드러난다.

즐거운 인생을 예술의 목표로 삼았던 화가의 일화를 소개한다. 새내기 화가인 르누아르가 당대 유명화가였던 샤를 글레르 화실에서 그림을 배우던 시절, 르누아르는 스승과 부딪쳤다. 화가는 스승과 마찰을 빚었던 사연을 이렇게 회고한다.

나는 최선을 다해 그림을 그렸다. 그러나 글레르 선생님은 내 그림을 보고 냉담한 표정을 지었다. '너는 오직 네 자신의 즐거움을 위해 그림을 그리는구나. 정말 그런가?' 나는 '물론입니다. 선생님도 그림을 그리는 것이 즐겁지 않다면 그림을 그릴 필요가 없다는 점을 잘 알고 계시잖아요'라고 대답했다.

행복한 환쟁이, 르누아르

다음 그림[23]에도 르누아르의 낙천적이고 긍정적인 인생관이 고스란히 반영되어 있다.

그림의 모델은 르누아르의 후원자였던 출판업자 조르주 샤르팡티에 부인과 두 자녀. 화가는 부인과 아이들이 실내에서 즐거운 시간을 보

23
피에르 오귀스트 르누아르
샤르팡티에 부인과 자녀들
1878
캔버스에 유채

내는 모습을 초상화에 담았다.

샤르팡티에 부인과 아이들은 호화로운 소파에 앉아 있다. 소파 뒤에는 꿩이 그려진 황금색 일본제 병풍이 놓여 있고, 화면 오른편에는 당시 상류층 가정의 인기상품이었던 대나무 의자가 놓여 있다. 카펫 위에는 애완견이 바닥에 배를 깔고 엎드렸다. 똑같은 옷을 입은 두 아이는 샤르팡티에의 딸 조르제트와 아들 폴이다. 폴은 당시의 풍습대로 여자 옷을 입었다. 남매의 천진스런 얼굴에서 응석받이로 자란 흔적이 역력하다.

르누아르는 장밋빛으로 빛나는 아이들의 피부와 꿈꾸는 듯한 달콤한 눈동자, 도자기처럼 매끈한 부인의 살결과 값비싼 드레스, 사치스런 실내가구 등을 통해 행복한 가정의 전형을 창조했다. 부유하고 화목한 가정에서만 느낄 수 있는 윤택함과 풍요, 안락함, 인간이라면 부러워할 수밖에 없는 선택받은 사람들의 행복한 삶을 그림에 생생하게 묘사했다. 가족은 사랑이요, 행복 그 자체라고 얘기하는 듯한 그림이다.

소설가 조리스 카를 위스망스와 화가 고갱은 행복을 느끼게 해주는 르누아르의 탁월한 재능에 감탄을 금치 못하고 이렇게 말했다.

르누아르는 벨벳처럼 부드러운 피부에 비치는 태양의 반사광과 머리카락, 옷 위에서 장난치듯이 춤추는 햇살에 매혹당한 것 같다.
_카를 위스망스

복숭아처럼 섬세한 뺨의 솜털이 사랑의 미풍을 받아 잔잔하게 물결친다. 앵두 같은 입술은 깨물고 싶은 충동이 들게 하고, 진주처럼 반짝이는 미소 속에 작고 예리한 아이의 치아가 드러난다. _고갱

르누아르가 '행복의 화가'가 될 수 있었던 배경은 화목한 가정에서 자랐기 때문이다. 그리고 그 스스로도 행복한 가정을 이루었다. 화가의 아버지는 성실하고 재주가 뛰어난 재단사였지만 돈벌이는 신통치 않았다. 르누아르는 열세 살 때부터 공방에 나가 도자기에 그림 장식을 하는 일을 해야만 했다. 비록 가난했지만 르누아르는 온화한 아버지와 자애로운 어머니의 사랑을 듬뿍 받으면서 행복하게 자랐다. 성인이 된 화가 역시 자상한 남편이며, 다정한 아버지가 되었다. 행여 아이들이 넘어질세라 아내에게 마룻바닥에 초를 칠하지 말아 달라고 부탁할 정도였다.

화가는 배우자 복도 많았다. 아내인 알린은 르누아르를 헌신적으로 뒷바라지한 진정한 동반자였다. 농부의 딸로 태어난 알린은 허영심이라고는 모르는 소박한 성품에, 가사에 충실했고, 모델은 물론 조수 역할까지 도맡았다. 알린의 부지런한 손길 덕분에 화가의 팔레트는 언제나 새것처럼 깨끗했다. 그녀의 용모도 온화한 성품처럼 모난 데가 없이 둥글고 편안했다. 유명화상인 볼라르가 가족에게 알린의 외모를 칭찬하는 편지를 썼다.

그녀는 여유 있고 편안해보이고 몸매도 풍만하다. 알린은 사람들이 호감을 가질 만한 요소를 모두 갖춘 매우 사랑스러운 여성이다.

알린의 후덕하고 인자한 성품은 그녀가 쉰 살이 되던 해 르누아르가 그린 알린의 초상화[24]에서도 확인할 수 있다.

당시 시대 분위기도 르누아르의 예술관에 영향을 끼쳤다. 그 시절 파리의 경제는 유례없는 호황을 누렸다. 부를 축적한 부르주아계층은 자신

24
피에르 오귀스트 르누아르
개를 안고 있는 르누아르 부인
1910
캔버스에 유채

들의 눈과 마음을 즐겁게 해줄 그림을 원했다. 미술작품을 감상하면서 현세의 쾌락과 즐거움을 느끼고 싶었던 수집가들에게 감미롭기 그지없는 르누아르의 그림은 가장 탐나는 장식품이었다. 화목한 가정환경에 시대분위기도 화가가 행복한 그림을 그릴 수 있도록 도와주었으니 그는 운명적으로 행복의 별을 안고 태어난 셈이었다.

천성적으로 겸손했던 르누아르는 예술가이기보다 환쟁이로 불리기를 더 좋아했다. 대다수의 예술가들은 장인이라는 호칭에 거부감을 보였지만 그는 오히려 자부심을 느꼈다. 예술가들이 들으면 질겁할 만한 말을 태연하게 내뱉었다.

그림이란 벽을 장식하려고 존재하는 거야. 그래서 가능한 화려하게 보이도록 그려야 해. 내게 그림이란 소중하고 즐겁고 예쁜 것이거든. 당연히 곱고 예쁘게 그려야 하지.

환쟁이를 자처한 화가는 직장에 출근하듯 규칙적으로 작업실에 나가 그림을 그렸고, 집에 돌아오면 일찍 잠자리에 들었다. 명성을 얻게된 말년에도 스스로 '화가들 속의 노동자'라고 부르면서 즐거워했다. 위대한 예술가이기보다 장인이어도 좋다는 마음의 여유가 화가에게 행복한 감정을 가져다 준 것이다. 이처럼 행복한 삶과 불행한 삶을 가르는 잣대는 마음가짐에 있다. 세상을 비관적으로 바라보면 어두운 기운이, 낙관적으로 바라보면 밝은 기운이 영혼과 접속한다.

우주의 밝은 기운이 르누아르의 창작 혼을 자극했던가. 그는 창작활동을 시작한 스무 살부터 일흔여덟의 나이로 세상을 떠날 때까지 무려

6000여 점에 달하는 작품을 제작했다. 1년에 100여 점의 그림을 그렸으니, 평균적으로 1주일에 2점을 그린 셈이었다. 미술사를 통틀어 피카소를 제외한 그 누구도 이처럼 엄청난 양의 그림을 제작한 적은 없었다. 정말이지 대단한 삶의 에너지가 아닐 수 없다.

마음에 울려 퍼지는 그림

언제나 마음의 여유를 가졌던 화가의 낙천적인 인생관은 다음 그림[25]에도 거울처럼 투영되었다.

자매인양 보이는 두 소녀가 다정하게 피아노 앞에 앉았다. 한 소녀는 악보를 넘기면서 피아노를 치고, 그 옆에 서 있는 소녀는 피아노에 팔을 기댄 채 악보를 들여다본다. 두 소녀의 투명한 살빛과 윤기가 흐르는 머리카락, 사랑스럽고 우아한 동작에서 행복의 정수를 느낄 수 있다.

평론가 옥타브 미르보는 젊은 여성의 자태를 감미롭고 달콤하게 묘사한 르누아르의 재능에 감탄한 나머지 다음과 같은 찬사를 보냈다.

> 향내가 감도는 살결의 광채, 순결한 욕망과 희망이 피어나는 열여덟 살 처녀의 사랑스러움, (…) 그는 영혼만이 아니라 마음속에 울려 퍼지는 음악과 율동까지 그려낸다.

르누아르는 감상자가 즐겁고 행복한 마음이 들도록 독특한 구도와 색채, 기법을 활용해 두 소녀를 표현했다. 먼저 구도를 보자. 서 있는 소녀의 머리를 꼭짓점으로 해서 양팔을 따라 선을 그으면 삼각형이 그려진다. 삼각형 구도는 편안함과 안정감을 주는 효과가 있다. 다음은 색채다. 화

25
피에르 오귀스트 르누아르
피아노를 치는 소녀들
1892
캔버스에 유채

가는 따뜻하고 온화한 느낌이 들도록 화면을 노란색조로 통일했다. 끝으로 기법이다. 화가는 솜털처럼 가볍고 부드러운 붓질로 대상을 섬세하게 묘사했다. 이 그림에서 모나거나 거친 것이라고는 없다. 소녀의 둥근 얼굴과 부드러운 머릿결, 드레스의 곡선, 늘어진 커튼, 심지어 단단한 재질의 피아노마저 건반의 옆면 곡선이 드러나도록 표현했다. 이런 다양한 요소들이 황홀한 조화를 이루면서 세상에서 가장 아름답고 행복한 그림이 창조된 것이다.

놀랍게도 이처럼 행복한 그림을 그리던 무렵에, 화가는 질병의 고통에 시달리고 있었다. 불행의 여신이 르누아르의 행복을 시기했던가. 생의 말년에 화가는 류마티즘성 관절염이 악화된 데다 중풍까지 앓게 되었다. 피부가 메마르고 뼈가 비틀어지면서 그의 손가락은 새의 발톱처럼 휘어졌다. 손톱이 살에 파고드는 것을 방지하기 위해 손에 거즈붕대를 감아야 할 만큼 상태가 심각했다. 그러나 더 이상 붓을 쥘 수 없는 신세가 되었는 데도 르누아르는 사람들에게 붓을 손가락 사이에 끼어달라고 부탁해 그림을 그렸다.

화상인 뒤랑 뤼엘은 병석에 누운 화가를 문병한 후에 가족들에게 그의 안타까운 처지를 동정하는 편지를 보냈다.

르누아르의 상태는 비참할 정도로 악화되었다오. 그는 걸을 수도, 휠체어에서 몸을 일으킬 수조차 없게 되었소. 그가 얼마나 극심한 고통을 겪고 있는지 차마 말로 표현할 수 없는 정도라오. 그런데도 화가는 그림을 그릴 수 있게 되면 진심으로 행복해 하고 유쾌해 한다오.

늙음도, 병마도, 죽음에 대한 공포도 화가의 긍정적인 인생관을 바꾸지 못했다. 고통에 시달리던 그 시절, 르누아르가 그린 그림에서 절망감이나 분노의 기색은 흔적조차 찾을 수 없다. 아니 더욱 아름다워지고 더욱 달콤해졌다.

자신의 눈길이 머물렀던 세상의 아름다움과 행복을 화폭에 담았던 화가, 행복 바이러스를 감상자들에게 전염시킨 화가. 르누아르는 위대한 미술작품이란 장중하고 진지해야 한다는 선입견을 깬 예술가였다. 그는 곱고 예쁜 그림도 예술적 가치를 지녔다는 것을 자신의 그림을 통해 증명했다.

영국의 화가이자 비평가인 로저 프라이가 행복을 선물한 르누아르의 업적을 찬미하는 글을 남겼다.

그는 인생의 밝은 면만을 묘사했다. 어린이, 햇빛, 하늘, 나무, 물, 과일 등에 열광했다. 이런 대상은 모든 사람들이 좋아하는 주제다. 그는 자신이 그런 사랑스런 대상을 진심으로 좋아한다고 대담하게 말할 줄 아는 화가였다. 어떤 천재예술가도 감히 할 수 없는 그런 말을.

지금 이 순간, 만일 그대가 르누아르의 그림을 보고 있다면 그것만으로도 그대는 이미 행복한 사람이다.

추억 ....

오늘은 내일의 추억이다

마음속에 아름다운 추억을 단 하나라도 갖고 있는 사람은
결코 악에 물들지 않을 것이다.
그리고 그런 추억들을 많이 가진 사람은
삶이 끝날 때까지 안전하게 살아갈 것이다.

_도스토예프스키, 《카라마조프가의 형제들》 중에서

독일의 소설가 헤르만 헤세는 현대인들이 느끼는 불안과 그리움의 정체는 고향이라고 노래했다.

당신이 삶에 두려움을 느끼는 것은 당신의 길이 어머니와 고향에서 자꾸만 멀어진다고 생각하기 때문이다. 그러나 하루하루 당신이 떼어놓은 발걸음은 실은 당신을 어머니에게로 데려가는 것이다. 고향은 다른 어디에도 없다. 바로 당신 마음속에 있기에.

글의 첫머리에 헤세의 글을 인용한 것은 삭막한 현대인들의 심성을 촉촉하게 적시는 것은 어린 시절의 추억이라는 점을 말하기 위해서다. 인간은 누구나 인생의 황금기로 불리는 어릴 적 추억을 마음속에 보물처럼 품은 채 살아간다. 미래에 대한 기대와 분홍빛 꿈으로 충만하던 순수의 시절, 들숨은 꽃향기요, 날숨은 그리움이던 그 시절을. 삶에 지친 사람들은 아련한 동심의 세계를 기억 속에 떠올리면서 마음의 평화와 위안을 얻는다.

여기, 어릴 적 그리운 시절로 되돌아가게 하는 그림이 있다. 19세기

26
카미유 코로
모르트퐁텐의 추억
1864
캔버스에 유채

프랑스 최고의 풍경화가이며, 근대 풍경화의 아버지로 불리는 카미유 코로(Camille Corot)의 〈모르트퐁텐의 추억〉[26]이다. 이 그림이 많은 사람들에게 사랑을 받는 것은 추억이 주제인 한 편의 서정시를 읽는 듯한 감동을 안겨주기 때문이다.

그림의 배경은 진주빛 물안개가 자욱한 봄날 아침의 숲 속. 화면 오른편에 커다란 나무는 무성한 이파리를 펼치면서 병풍처럼 허공을 감싸고, 화면 왼편에 물오르는 어린나무는 싱그러운 아침 공기를 가르면서 하늘로 가지를 뻗치고 있다. 작은 나무에서 피어나는 고운 꽃송이가 동심을 유혹한 것일까? 한 아이가 두 팔을 벌리면서 언니에게 꽃을 따달라고 조르고, 또 다른 아이는 발치에 핀 꽃에 넋을 빼앗긴 채 철퍼덕 무릎을 꿇었다. 까치발을 하고 꽃을 따는 봄 처녀와 꽃을 따고 싶어 조바심을 내는 아이들의 천진스런 모습은 하루하루가 축복이며 희망이던 어린 시절의 그리운 초상이기도 하다. 화가는 자연의 경이로움과 아름다움에 매혹당한 동심을 강조하기 위해 처녀의 치마와 아이들의 머리에 쓴 두건을 붉게 색칠했다.

이곳은 모르트퐁텐이다. 모르트퐁텐은 18세기 프랑스 상리스 근처에 조성된 광대한 공원을 가리킨다. 태곳적 자연의 신비를 고스란히 간직한 공원의 숲과 호수는 예술가들의 영감을 자극했다. 특히 코로는 하늘과 물, 숲과 대기가 어우러진 이곳 풍경에 매료되어 모르트퐁텐을 자주 찾아와 그림을 그리곤 했다.

모든 추억은 아름다워라

코로에게 추억이란 이 그림에서처럼 부드럽고 따뜻하며 편안한 것이었다. 그는 추억의 느낌을 표현하기 위해 화면 한쪽은 닫고 다른 한쪽은 열어두는 독특한 구도를 선택했다. 화면 오른쪽에는 잎이 무성한 나뭇가지가 사람들의 시선을 자연스럽게 차단하고, 화면 왼쪽은 하늘과 물을 향해 아득하게 열려 있다. 한쪽은 가리고 다른 한쪽은 열어두는 구도로 인해 감상자의 눈길은 물안개가 번지는 흐릿한 호수 저 편으로 추억처럼 물처럼 젖어들게 되는 것이다.

색채도 추억을 상기시킨다. 화가는 어릴 적 추억이라는 주제에 걸맞게 화면을 녹색과 회색빛이 감도는 은은한 색조로 통일했다. 파스텔 톤의 부드러운 색채가 애틋하면서도 그리운 감정을 불러일으키도록 말이다.

끝으로 화가는 솜털처럼 섬세한 붓 터치로 동이 트는 아침의 몽롱한 대기를 그림에 생생하게 재현했다. 그 덕분에 감상자는 물안개의 비릿한 냄새까지도 맡을 수 있게 되었다.

삶에 지친 사람들의 눈과 마음을 삼림욕 시켜주는 그림은 코로가 예순다섯 살 때 어릴 적 추억을 회상하면서 그린 것이다. 인생의 종착역에 선 노(老) 화가는 늘 어린 시절로 되돌아가고 싶어 했다. 코로가 옛날을 그토록 그리워한 것은 다정하고 온화한 성품을 지닌 부모의 사랑을 독차지하면서 행복한 유년기를 보냈기 때문이다.

시적이면서 서정적인 코로의 추억 연작은 삶에 지친 도시민들의 향수를 자극했고, 그의 풍경화를 좋아하는 사람들의 숫자는 점점 늘어났다. 19세기 프랑스 시인이며 비평가였던 고티에도 코로의 그림에 매혹당한 사람 중 하나였다. 시인은 추억이라는 느낌을 눈으로 직접 볼 수 있게 해준 그림에 감탄한 나머지 다음과 같은 찬사를 바쳤다.

은밀한 감정에 화가의 붓은 떨리고 그의 손끝에만 닿아도 그림은 놀랄 만큼 몽롱해진다. 코로는 진정한 예술가다. 그는 하늘과 나무, 물, 잔디, 언덕을 대하면 마치 여인의 무릎에 앉은 남자인양 가슴이 뛰고 전율이 느껴지면서 혼란스럽게 된다고 말한다.

추억 연작[27]이 대중들의 인기를 끌면서 작품 주문이 쇄도했다. 그림이 불티나게 팔리면서 심각한 부작용도 생겨났다. 차마 믿기지 않을 정도로 수많은 모방작과 복제화, 위작이 미술시장에서 유통되었다. 오죽하면 '코로는 평생 3000점의 그림을 그렸을 뿐인데 미국에서만 10만 점이 넘는 작품이 거래되었다'라는 소문이 공공연히 나돌 정도였을까?

이처럼 많은 위작이 제작되고 거래된 것에는 화가의 불찰도 있었다. 코로는 자신의 그림이 아닌데도 누군가 요청하면 습관적으로 서명하곤 했다. 그 이유는 단 하나, 아이처럼 천진하고 순박한 마음을 지녔던 그는 다른 사람이 부탁하면 거절하는 법이 없었다. 화가와 오랫동안 알고 지낸 사람들은 한결같이 '마음씨 좋은 할아버지 코로'라고 부를 만큼 그의 심성은 순진무구했다. 오죽하면 시인 보들레르가 코로의 장점이란 '순박함과 독창성'이라고 공개적으로 말했을까? 하긴 천진무구한 성품을 지녔기에 동심의 세계를 그토록 감동적으로 그림에 재현할 수 있었을 것이다.

코로는 온화한 성품인데다 독신이었다. 부양할 가족이 없고 그림도 잘 팔려 생활비에 대한 걱정 없이 자신이 가장 좋아하는 일인 그림 그리기에 몰두할 수 있었다. 화가는 봄에 휘파람새가 노래를 부르기 시작할 즈음에 훌쩍 배낭을 메고 집을 떠나서 그림을 그리다가 가을이 되면 집으로 돌아오곤 했다.

사람보다 자연과 더 가깝게 사귀는 화가이니만큼 세상물정에는 어두

27
카미유 코로
빌다브레
1867년경
캔버스에 유채

웠다. 그가 돈에 얼마나 무심했는지를 말해주는 일화가 있다. 코로의 그림이 비싼 값에 팔리게 되면서 화가에게 보험을 들어야 할 일들이 생겼다. 화가의 친구가 보험회사 직원을 집으로 데려오자 코로는 그에게 보험액수를 물었다. 보험회사 직원이 상상을 초월한 금액을 말하자, 화가는 자신의 그림이 그토록 고가에 팔린다는 사실을 까맣게 몰랐다면서 진심으로 놀라움을 금치 못했다. 코로는 자신이 블루칩 화가라는 사실을 의식하지 못할 만큼 돈에 집착하지 않았던 것이다.

앞서 얘기했듯 화가에게는 남의 말을 쉽게 믿고 인정에 약하다는 약점이 있었다. 이런 코로의 순박함을 주변 사람들은 교묘하게 이용했다. 그의 약점을 노린 일부 제자들과 거짓 찬미자들은 코로의 화풍을 모방하고, 심지어 가짜 그림을 그려 미술시장에 유통시켰다. 돈에 눈이 먼 화상들도 코로가 사인하지 않은 작품에 진짜인양 서명해 버젓이 판매했다. 수천 점에 달하는 위작이 미술시장에 쏟아져 나오면서 천진한 화가 코로의 이미지는 크게 손상되었다.

이를 보다 못한 코로의 절친한 친구이며 제자였던 알프레드 로보가 발 벗고 나섰다. 로보는 시중에 나도는 위작과 모방작들을 가려내는 한편 스승의 작품을 보호하기 위해 그림의 행방을 추적했다. 마침내 그는 1905년 모로 넬라통의 도움을 받아 체계화된 코로의 작품 목록집을 최초로 발간했다. 코로의 첫 번째 전기를 출간할 만큼 열혈 팬이었던 알프레드 로보가 아니었던들 순박한 코로는 돈을 밝히는 속물화가라는 낙인이 찍힌 채 명예를 더럽히고 말았을 것이다.

이와 같은 일화에서도 나타나듯 그는 천진한 아이의 눈으로 세상을 바라보고, 생각하고 행동했던 늙은 아이였다. 하긴 영원한 아이였기에 대자연의 아름다움에 눈 뜬 동심의 세계를 그토록 아름답게 그림에 표현할 수 있었으리라. 코로의 그림은 사람들에게 자신이 무엇을 상실했는지, 무엇을 그리워하는지, 추억의 의미가 무엇인지 깨닫게 해준다. 추억이란 아침이며 숲이며 나무이며 풀이며 호수이며 꽃이며 처녀이며 아이며 물안개라고 얘기해준다. 코로는 그리움의 정체를 본능적으로 간파하고 어릴 적 추억을 그림에 담아 사람들에게 선물했다. 인상파 화가 피사로는 사람들의 거친 심성을 봄비처럼 촉촉하게 적셔주는 코로의 그림에 감동한 나머지 이렇게 화가를 찬미했다.

늙은 코로! 그는 정말 작고 아름다운 그림을 그렸다. 다른 사람들은 미처 발견하지 못한 작은 부분에서 아름다움을 찾아낼 수 있는 사람은 얼마나 행복한가. 모든 것은 아름답다. 그러나 그 아름다움을 해석하는 방법을 아는 사람만이 오직 그것을 느낄 수 있다.

추억의 커튼을 열다

초현실주의 화가 르네 마그리트(René Magritte)에게 추억이란 고통의 치유다.
다음 그림[28]은 시각적 충격을 주는 독특한 방식으로 세계적인 명성을 얻었던 마그리트 화풍의 특징이 잘 드러나 있다. 여자 석고 두상의 오른쪽 눈 주변에 붉은 피가 묻어 있다. 조각상은 마치 사람인양 두 눈을 감고 생각에 잠겨 있다. 피 흘리는 조각상, 상념에 잠긴 조각상은 현실에서는 찾아볼 수 없는 낯선 모습이다. 그러나 이런 생경함이 감상자의 호기심과 감성을 자극한다.
여자가 누군가에게 폭행을 당했다는 뜻일까? 이렇게 상상하면 여자가

28
르네 마그리트
기억
1948
캔버스에 유채

치솟는 적개심과 울분을 안으로 삭이면서 인내하는 것처럼 보인다. 아니면 누군가 그녀의 마음에 치명적인 상처를 입혔다는 의미일까? 이렇게 상상하면 여자를 울린 사람의 정체와 그 사연은 무엇인지 궁금해진다. 수수께끼 같은 그림의 의미를 찾기 위해 제목을 살펴보았다. 그림의 제목은 〈기억〉이다. 상상력이 발동하면서 해답의 실마리가 조금씩 풀린다.

여자는 지금 힘들고 고통스런 상황에 처했다. 그녀는 상처뿐인 현실을 잊기 위해 두 눈을 감는다. 여자가 시간의 커튼을 열어젖히고 기억 속에서 아름답고 행복했던 시절을 떠올린다. 추억 속에서 하얀 구름이 떠다니는 푸른 하늘과 드넓은 바다가 나타난다. 시간의 렌즈를 통해 바라본 아름다운 추억이 여자를 위로한다. 여자에게 추억은 고통을 치유하고 상처를 아물게 하는 명약이다. 그리운 추억이 있기에 그녀는 불행한 오늘을 견딜 수 있는 것이다.

20세기 가장 위대한 소설가 중 한 사람으로 평가받는 마르셀 프루스트는 19세기에서 20세기 초반까지 3대에 걸쳐 무려 500여 명이 넘는 인물들이 등장하는 추억에 관한 방대한 소설을 출간해 사람들을 깜짝 놀라게 했다. 불후의 명작으로 평가받는 《잃어버린 시간을 찾아서》가 바로 그것이다. 소설에 나오는 남자 주인공은 프루스트의 분신이다. 그의 일상은 권태롭고, 마음은 우울하다. 어느 겨울날 오후 감기몸살 기운을 느끼는 남자에게 어머니가 홍차에 곁들인 마들렌(소형 카스테라)을 가져다주었다. 남자가 빵 한 조각을 떼어 차에 담근 후 한 모금 마신 순간 기적이 일어났다. 빵 내음이 섞인 홍차가 망각의 지하층을 뚫고 아련한 어린 시절의 추억 속으로 그를 데려간 것이다. 남자는 어릴 적 일요일마다 마들렌을 홍차에 적셔 먹곤 했는데, 그 맛과 냄새가 세월 속에 묻혀버린 거대한 기억의 물줄기를 복원시킨 것이다.

만일 프루스트가 유년기의 추억을 보물처럼 마음속에 간직하고 있지 않았다면 20세기 최고의 소설로 손꼽히는 《잃어버린 시간을 찾아서》는 태어나지 않았을 것이다.

책에는 남자가 아름다운 자연풍경을 회상하는 시적인 구절이 나온다.

때로는 오후의 하늘에 하얀 달이 한 점 구름처럼 지나가곤 했다. 광채를 잃은 달이 서두르는 모습은 공연이 없는 시간에 평상복 차림으로 관객석에서 잠시 동안 동료배우들의 공연을 지켜보다가 혹시 사람들의 눈길을 끌게 될까 두려워 자취를 감추는 어느 여배우와 같았다.

추억이란 아름다운 시절을 채굴하는 일이다. 추억 속의 보물을 캐기 위해서는 먼저 소중한 기억들을 갈무리해둘 저장고가 필요하다. 우리가 고통을 겪을 때, 두려울 때, 슬플 때, 위안을 얻고 싶을 때, 비축해둔 추억을 하나씩 꺼내 쓸 수 있도록 말이다. 오늘은 내일의 추억이 된다. 지금 이 순간을 영원처럼 살아간다면 먼 훗날 풍요로운 추억을 추수할 수 있으리라.

2부. 샤갈의 무중력 속을 날다

눈물

메마른 감정의 대지를
촉촉하게 적시는 비

'울 수 있다면 마음이 편해질 텐데'라고 생각할 때가 있다.
하지만 무엇을 위해 울어야 하는지 나는 알 수 없었다.
타인을 위해 울기에는 나는 너무도 이기적인 인간이고
나 자신을 위해 울기에는 너무 늙었다.

_무라카미 하루키

세계적인 사상가이자 철학자인 쇼펜하우어는 "세상은 슬픔으로 가득 찬 감옥"이라고 말했다. 그의 말을 증명이라도 하듯 인간은 살아가면서 종종 눈물을 흘리곤 한다. 슬퍼서, 허탈해서, 후회해서, 불행해서, 고통스러워, 억울해서, 분해서 운다. 그런 한편 행복할 때도, 감동에 젖을 때도, 기쁠 때도 역시 눈물을 흘린다. 그래서 중국의 소설가 쑤퉁은 "눈물은 비관과 낙관의 양면성을 갖고 있다"고 말했을 것이다.

눈물은 가장 은밀하면서도 강렬한 감정표현이다. 벨기에 출신의 세계적인 연출가이며 안무가인 얀 파브르가 "눈물에는 영혼이 담겨 있다"라고 말한 것도 눈물이 한 인간의 내면의 감정을 가장 솔직하게 드러내는 언어라고 생각했기 때문이다.

눈물은 경이롭고 불가해한 액체이기도 하다. 독자는 눈물이 뺨을 타고 흐르는데도 정작 자신은 왜 우는지조차 알지 못해 당혹감을 느낀 적이 있을 것이다. 18세기 산문집 《효전산고》의 저자 심노숭은 눈물보다 신비한 것은 없다고 믿었다. 그는 눈물의 신비를 다음과 같이 글에 남겼다.

눈물은 눈에 있는가? 아니면 마음(심장)에 있는가? 눈에 있다고 하면 마치 물이 웅덩이에 고여 있는 듯한가? 마음에 있다면 피가 혈맥을 타고 다니는 것과 같은가? (…) 눈물은 저희가 원할 때 오가면서 정작 우리에게 무엇을 말하려는지 알려주지 않는다.

그럼 눈물이 주제인 작품들을 감상하면서 예술가에게 눈물은 어떤 의미를 지녔는지 되새겨보는 시간을 갖도록 하자.

고통을 예술의 도구로 삼다

현대미술의 거장으로 불리는 파블로 피카소(Pablo Ruiz Picasso)는 통곡하는 여자를 그림에 묘사했다.[29] 피카소는 눈물을 흘리는 여자의 모습을 그의 특허에 해당하는 입체주의 방식으로 표현했다. 여자의 눈동자는 정면인데, 입술과 치아는 측면이다. 피카소는 서로 다른 두 지점에서 바라본 여자의 모습을 한 화면에 동시에 표현했다. 일반적인 초상화에 익숙한 감상자의 눈에는 정면과 측면을 결합한 여자의 초상화가 한없이 낯설게 느껴지리라. 하지만 실물과 전혀 닮게 그리지 않았고, 여자의 얼굴 또한 심하게 왜곡되었지만, 그녀가 슬픔을 이기지 못해 펑펑 울고 있다는 것만은 한눈에 식별할 수 있다.

피카소는 여자의 슬픔을 강조하기 위한 다양한 전략을 그림에 구사했다. 먼저 여자의 이목구비를 보자. 여자는 너무도 격렬하게 울고 있기에 두 눈은 반대방향으로 벌어졌으며 코와 입 모양도 일그러졌다. 얼굴의 윤곽선은 굵은 검정색이며 유리조각처럼 날카롭다. 여자가 이빨로 깨문 흰색 손수건의 테두리도 흉기처럼 위협적이다.

29
파블로 피카소
우는 여자
1937
캔버스에 유채

여자의 얼굴 형태는 일그러지고 해체된 반면, 여자의 패션은 세련미가 넘치고 화려하기 그지없다. 여자는 꽃으로 장식한 붉은색 모자를 썼고, 머리카락도 단정하게 뒤로 빗어 넘겼다. 여자가 화려하게 치장한 모습에서 누군가에게 잘 보이려고 했고, 행복한 순간을 기대했다는 것을 짐작할 수 있다. 그런데 누군가, 그리고 어떤 불행한 사건이 여자의 행복한 마음을 갈기갈기 찢어 산산조각 냈다.

여자가 잔뜩 멋을 부렸기에, 빨강, 초록, 노랑, 파랑 등 원색으로 배경을 대담하게 색칠했기에, 그녀의 슬픔은 더욱 강렬하게 느껴진다. 그런데 한 가지 의문이 생긴다. 남자인 피카소가 어떻게 눈물을 흘리는 여자의 비통한 심정을 이렇게 실감나게 그림에 표현할 수 있었을까? 해답은 간단하다. 여자들의 마음에 상처를 주고, 숱한여자들을 울렸던 경험이 있었기에 가능했다. 그가 눈물과 고통의 드라마를 연출하게 된 배경은 다음과 같다.

그림 속 모델은 피카소의 연인 도라 마르이다. 피카소는 1936년 파리 생제르맹에 위치한 카페 '되 마고'에서 그녀를 처음 만났고 보는 순간 사랑에 빠졌다. 카페 '되 마고'의 단골손님이었던 피카소는 어느 날 우연히 옆 테이블에 앉은 여자가 끔찍한 놀이를 즐기는 장면을 목격하게 되었다. 여자는 검은 망사장갑을 낀 왼손은 나무 탁자에 올려놓고 오른손에 칼을 쥔 채 왼손가락 사이를 찍는 놀이에 푹 빠져 있었다. 칼이 빗나갈 때마다 여자의 손가락은 찢어졌고 순식간에 검은 망사장갑은 피로 얼룩졌다. 젊고 아름다운 여자가 칼로 자해하면서 쾌감을 느끼는 잔혹하면서 에로틱한 광경에 피카소는 매혹당했다. 피카소가 넋을 잃고 여자를 바라보자 눈치 빠른 시인 폴 앨뤼아르가 두 사람을 소개했다. 여자의 이름은 도라

마르, 그녀는 스물아홉 살의 아름답고 총명한 사진작가였다.

'연애의 달인' 피카소는 곧장 작업에 착수했다. 도라에게 피 묻은 장갑을 기념품으로 달라면서 수작을 걸었다. 여자의 소중한 피가 묻은 장갑은 자신의 애장품 진열장에 영구히 보관되는 영광을 누리게 될 것이라면서. 세계적인 명성을 지닌 예술가의 요청을 새내기 사진작가인 도라가 어떻게 거절할 수 있겠는가?

이렇게 쉰다섯 살 피카소와 스물아홉 살 사진작가의 연애에 불이 붙으면서 도라는 피카소의 다섯 번째 연인이 되었다. 그러나 사랑이 깊으면 고통 또한 깊은 법. 도라는 피카소를 사랑한 여자들에게 숙명과도 같은 형벌을 받게 된다. 열애에 빠진 도라는 언제쯤 피카소가 연락을 해줄까 목이 빠지게 기다리느라 외출조차 할 수 없는 신세가 되었다. 반면 피카소는 그녀가 보고 싶으면 언제라도 한달음에 달려와 도라를 만나곤 했다. 도라는 왜 연인을 마음대로 만날 수 없는 처지가 되었을까? 그 시절의 피카소는 부인 올가 이외도 마리 테레즈라는 애인이 있었다. 올가와 불화를 겪던 피카소는 마리 테레즈와 사랑에 빠졌고 그녀와의 사이에 딸 마야를 두었다. 그는 주말이면 정부와 딸을 만나러 가곤 했다.

화가는 부인과 애인이 있는데도 도라를 연인으로 삼았고, 그녀를 독점하고 싶어했다. 도라가 오직 자신만을 기다리고 사랑할 때만 피카소는 만족했다. 피카소에게 도라는 색다른 자극을 주는 여자였다. 그녀는 순종적이고 부드러운 성품의 마리 테레즈와 달리 열정적이고 지성적이며 강한 개성을 지녔다. 한 때 도라의 연인이었던 철학자 조르주 바타유가 그녀의 성격을 가리켜 "천둥과 번개를 동반한 폭풍우로 쉽게 돌변한다"고 비유할 정도였다.

도라의 강한 개성과 지성미는 피카소의 욕망을 자극했고, 그는 그녀에게 걷잡을 수 없이 빠져들었다.[30] 그러나 도라에 대한 피카소의 사랑이란 다른 여자를 배척하는 단 하나의 사랑이 아닌 다른 여자와 공존하는 사랑을 의미했다. 이를 증명하듯 피카소는 도라와 여름휴가를 보내는 중에도 마리 테레즈에게 사랑이 가득 담긴 편지를 보냈다.

내 사랑, 방금 당신의 편지를 받았소. 그동안 당신에게 몇 통의 편지를 보냈는데 아마 지금쯤은 그곳에 도착했을 거요. 나는 날이 갈수록 당신을 더욱 사랑하고 있소. 당신은 내게 모든 것을 의미하오. 나는 당신을 위해, 영원히 지속될 우리의 사랑을 위해 모든 것을 희생할 거요. 사랑하오, 난 당신을 한시도 잊을 수 없소. 내가 슬픔을 느낀다면 그것은 내가 원하는 만큼 당신과 함께 있을 수 없기 때문이라오. 내 사랑, 난 당신이 행복했으면 좋겠어. 그러니 행복해지는 생각만 하구려. 그렇게 하기 위해서 난 무엇이든지 당신에게 주겠소. 당신의 눈물 한 방울이라도 멈추게 할 수 있다면 내 눈물쯤은 아무것도 아니라오. 사랑하오. 우리 딸 마야에게도 키스를 보내오.

이기적인 연인 피카소는 심지어 도라와 마리 테레즈가 질투심을 이기지 못해 작업실에서 몸싸움을 벌이는 것을 보며 두 여자에게 친하게 지낼 것을 뻔뻔하게 요구하기도 했다.

이런 소모적인 사각관계에 자존심이 극도로 상한 도라는 자신의 비참한 처지를 한탄하면서 눈물로 하루를 보내곤 했다. 그녀가 고통으로 눈물을 흘리면 피카소는 잔인하게도 도라의 우는 모습을 스케치했다. 그녀

30
도라 마르의 실제 사진

는 울고 또 울었다. 그녀가 얼마나 자주 울었으면 피카소가 "나는 울지 않은 도라의 모습은 상상조차 할 수 없다"라고 농담처럼 말할 정도였을까?

비통한 심정에 눈물을 흘리면서도 도라는 피카소 곁을 떠나지 못했다. 그녀는 진심으로 피카소의 남성적 매력과 천재성을 사랑하고 있었기 때문이다. 도라는 훗날 자서전에서 이기적이고 여성편력이 심한 천재예술가를 사랑할 수밖에 없었던 자신의 고통을 이렇게 털어놓았다.

나는 분명 피카소의 여자였지만 나 혼자만이 그의 여자는 아니었다. 그에게는 늘 여자가 있었다. 나를 만나기 이전에도, 나와 함께 있을 때도, 나와 헤어진 이후에도.

이제 독자는 도라가 얼굴에 경련이 일어날 정도로 통곡한 사연을 알게 되었다. 피카소는 그를 사랑한 여자들의 슬픔과 고통까지도 철저하게 예술의 도구로 활용했다. 미술전문가들은 이를 증명하는 사례로 피카소가 애인들을 차례로 그림의 모델로 삼은 점, 새로운 애인이 생길 때마다 표현양식이 변화된 점을 제시했다. 피카소의 절친한 친구이며 비서였던 사바르테스도 이 점을 인정했다.

피카소에게 여자란 조형적 질서를 만드는 과정에서 그가 연구한 다른 오브제와 마찬가지로 연구할 가치가 있는 형태, 선, 색채였을 뿐이다.

피카소는 잔인할 정도로 냉정한 연인이었다. 이는 피카소가 그의 여섯 번째 연인이었던 프랑수아 질로에게 "누군가를 선택한다는 것은 다른 하나를 죽이는 일이다"라고 말한 것에서도 드러난다. 그는 사랑하는 여자에게 고통을 주고, 그녀를 펑펑 울도록 만들었다. 그러나 피카소의 예술적 재능은 그의 요란한 여성편력을 잠시 잊게 한다.

저 오열하는 그림 속 여자를 보라. 여자를 괴롭히고, 짓밟고, 눈물을 흘리게 만든 사랑의 가해자인 그가 사랑의 피해자인 여자의 비참한 심정을 어떻게 저토록 그림에 실감나게 표현할 수 있다는 말인가. 피카소는 무릇 위대한 화가란 그림에 강렬한 감정을 불어넣을 수 있어야 한다는 자신의 생각을 이 초상화를 통해 증명했다. 관객의 마음속에 여자를 울린 남자에게 분노와 증오심을, 우는 여자에게는 연민과 동정심을 동시에 불러 일으키도록 만들었으니 말이다.

눈물의 고향엔 수많은 생명체가 산다

피카소가 묘사한 눈물에 상처받은 여심이 투영되었다면, 한국의 화가 양대원이 표현한 눈물에는 진실과 위선에 대한 질문이 담겨 있다.

화면에 두 개의 커다란 얼굴이 보인다.[31] 사람의 얼굴이기보다 가면처럼 보인다. 가면의 뻥 뚫린 두 눈에서 눈물이 계곡물처럼 쏟아진다. 흘러내리는 눈물은 물줄기가 되어 전시장 바닥을 흥건히 적신다. 얼굴을 타고 흐르는 눈물은 실타래 같다. 아니, 실제로 실타래다. 화가는 눈물을 그리는 대신 실타래를 화폭에 부착했다.

양대원이 눈물을 실타래로 표현한 까닭은 무엇일까? 눈물의 풍부한 양을 강조하면서 극적인 효과를 주기 위해서였다. 두 개의 얼굴을 타고 흐르는 눈물은 각기 다른 감정을 나타낸다. 왼쪽 얼굴에서 흐르는 눈물은 진실의 눈물, 오른쪽 얼굴의 눈물은 거짓의 눈물이다. 양대원이 상반

31
양대원
눈물 1
2000
광목천에 아교, 토분, 먹

된 감정을 담은 눈물을 묘사한 것에는 사연이 있다. 그가 스승의 장례식장에 조문을 갔을 때, 화가는 많은 사람들이 울고 있는 모습을 보았다. 눈물을 흘리는 사람은 크게 두 부류였다. 하나는 진심으로 고인을 애도하면서 눈물을 흘리는 사람, 다른 하나는 전혀 슬프지 않은데도 억지로 우는 시늉을 하는 사람이었다. 화가는 한 인간의 죽음을 진심으로 애도하는 사람도 눈물을 흘리고, 겉치레를 위해 슬픔을 위장한 사람도 눈물을 흘리는 모습에 강한 충격을 받았다.

인간의 속내는 각각 다른데도 왜 눈물의 형태와 성분은 같을까? 진실과 거짓의 차이점은 과연 무엇일까? 두 가지 상반된 감정을 어떻게 구별할 수 있을까? 화가는 긍정의 눈물과 부정의 눈물, 뜨거운 눈물과 차가운 눈물을 두 얼굴에 대비시키면서 진실과 거짓의 의미를 묻고 있는 것이다.

〈눈물 1〉이 인간의 본성에 대한 근원적인 질문이라면 〈의심 - 눈물 2〉[32]는 예술가의 고독한 심정을 반영한다. 누군가 둥근 어항에 갇혀 하염없이 울고 있다. 그 누군가는 화가 자신이다. 예술가는 수족관의 물고기처럼 어항 속에 갇힌 신세가 되었다. 그가 통한의 눈물을 흘린다. 어항은 인생이며, 마을이며, 가족이다. 아니 예술가를 억압하는 공권력이며, 제도며 윤리도덕이다. 이 눈물은 구속을 거부하는 자의 눈물, 자유를 잃은 자의 눈물, 떠나고 싶은 자의 눈물, 푸른 바다를 그리워하는 자의 눈물이다. 그가 흘린 눈물이 한 방울 두 방울 고이면서 어항 속을 채운다. 눈물과 어항 속 물은 순환한다. 만일 예술가가 눈물을 흘리지 않는다면 어떤 일이 벌어질까?

어항 속의 물이 점차 마르면서 예술가는 그 안에서 살아갈 수도, 헤엄칠 수도 없게 될 것이다. 즉 이 눈물은 그의 생명수다. 예술가의 메마른

32
양대원
의심 – 눈물 2
2007
캔버스에 유채

육신과 영혼을 해갈해주는 구원의 눈물, 그의 고독을 보상하는 위안의 눈물인 것이다. 예술가의 숙명적인 고독을 눈물에 빌어 표현한 그림은 양대원의 자화상이기도 하다. 그는 작품의 의미를 이렇게 말한다.

세상을 살아가다 보면 문득 문득 다가오는 외로움과 슬픔으로 진저리칠 때가 있다. 세상과 나에 대한 연민이 이 작품의 주제고 의미다.

예술가의 눈물이 모여 바다를 이루고, 눈물의 고향인 바다에서 수많은 생명체가 살아갈 터이니, 예술가여, 그대는 더욱 서럽게 울어도 좋으리라.

가장 연약한 눈물이 가장 강하다

양대원에게 눈물이 바다라면, 황혜선에게 눈물은 광석이다. 저 투명하게 반짝이는 크리스털 눈물방울을 보라.[33]

사람들에게 눈물이란 연약하고 부드럽고 형체가 변하는 액체다. 그러나 황혜선에게 눈물은 크리스털처럼 순수하고 단단하고 영원하다. 영롱하게 빛나는 크리스털 눈물은 가장 연약한 눈물이 오히려 가장 강하다고 얘기한다.

황혜선의 작품을 보면서 이런 생각이 들었다. 대체 눈물에는 왜 색깔이 없을까? 순수한 감정은 감히 색으로 표현할 수 없다는 의미일까? 그리고 눈물은 왜 저토록 투명할까? 흔히 눈물은 상처를 치유하고 마음을 정화시켜주는 기능을 지녔다고 말하는데, 그래서 저토록 해맑은 것일까?

광석이 된 눈물방울을 가만히 들여다보면 표면에 '그래', '괜찮아'라는 단어가 반복적으로 새겨져 있다. 그녀가 이런 글자들을 크리스털 표

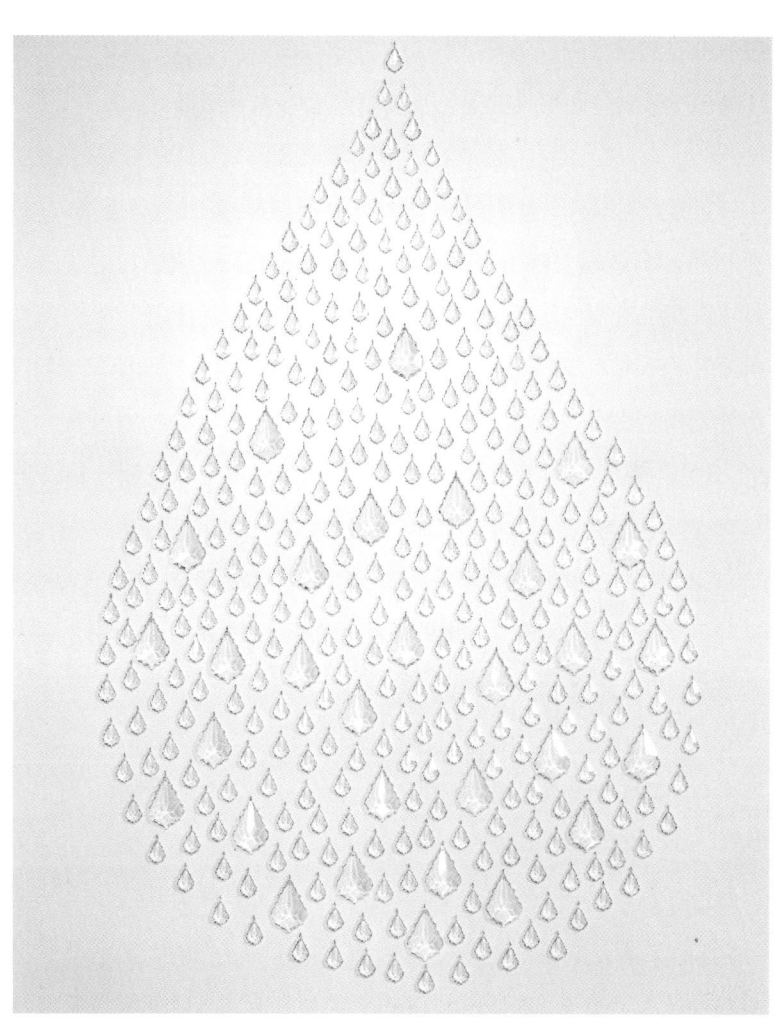

33
황혜선
흘리지 못한 눈물
2007
크리스털에 에칭

면에 새긴 까닭은 무엇일까?[34]

예술가의 어록을 펼치면 질문에 대한 해답이 적혀 있다.

예전에는 감정표현이 훨씬 쉬웠던 것 같다. 슬픈 일이 있으면 울고, 기쁜 일이 있으면 웃었다. 하지만 나이가 들면서 내가 느끼는 감정을 솔직하게 표현하지 못하는 경우가 점점 더 많아졌다. 슬픈 일이 있어도 되도록이면 참으려고, 표현하지 않으려고 노력했다. 이렇게 밖으로 표출되지 못한 감정은 가슴속에 앙금처럼 남아 있게 되었다. 이렇게 발산되지 못한, 표현되지 못한 내 안에 있는 감정이 무척 소중하다는 생각이 들었다. 그래서 그런 감정을 가능한 아름답게 표현하고 싶었고 이것을 나타내는 데 크리스털이란 재료가 적당하다고 생각했다. 작품을 자세히 살펴보면 크리스털 표면에 '그래', '괜찮아'라는 단어가 적혀 있다. 내 감정을 다스리기 위한 단어들을 반복적으로 새긴 것이다.

미술평론가 박영택은 황혜선의 작품을 다음과 같이 해석한다.

크기가 다른 크리스털들이 화면에 촘촘히 부착되어 있다. 크리스털에는 각각 '그래', '괜찮아'란 문구가 매우 작은 글씨로 쓰여 있다. 삶을 견디는 주문 같은 문장은 더없이 화려하고 투명한 크리스털의 저 안쪽에 은밀하고 고요히 자리하고 있다. 그것들은 마치 작가의 눈물처럼 혹은 마음의 결정들처럼 매달려 있다. 자신의 감정들이 보석처럼 보였으면 하는 바람이자 일상에 지치고 힘겨운 자신을 다독거리는 반복적인 중얼거림, 자기 최면 또는 부적이나 주술, 치유에 해당하는 것 같다. 행복과 불행 그

34
황혜선
흘리지 못한 눈물
2007
크리스털에 에칭 전경(위)
크리스털 부분 확대(아래)

사이 어디에선가 그저 자신을 견디면서 살아가는 일이 삶은 아닐까?

황혜선의 내면에는 용암처럼 뜨거운 눈물이 떠다녔으리. 예술가로, 아내로, 엄마로 살아가면서 감정을 억제하고 인내하는 동안 형성된 눈물이었으리. 차마 분출되지 못한 눈물은 그녀의 가슴속에서 화석처럼 응결되어 마침내 찬란한 보석이 되었으리.

예술가의 눈물은 이렇게 말하는 것 같다. 빛나는 크리스털처럼 아름다운 그대의 눈물로 인생을 장식하라고, 저 영롱한 눈물로 남루한 삶을 치장하라고.

지금껏 독자는 눈물이 주제인 작품들을 감상했다. 예술가들에 의해 눈물은 한낱 액체가 아닌 보고, 만지고, 장식할 수 있는 신비한 존재가 되었다. 신비한 눈물을 자가생산하는 인간은 얼마나 경이로운 존재인가라는 생각이 저절로 들게 만드는.

하지만 정작 사람들은 눈물에 대한 편견을 지녔다. 말을 익히기 전까지 자신의 의사를 표현했던, 인류의 원초적인 언어인 눈물을 수치의 상징으로 여긴다. 자칫 눈물을 쏟아내기라도 하면 감정을 절제하지 못하는 미성숙한 인간으로 매도당하기 십상이다. 과연 일상에서 눈물을 추방하면 바람직한 삶을 살 수 있을까? 아니, 눈물은 억제하는 것보다 흘리는 것이 오히려 정신적, 육체적 건강에도 좋다.

《울기: 눈물의 신비》를 쓴 윌리엄 프레이 교수에 따르면 눈물은 사람이 스트레스를 받으면 분비되는 '프로락틴'이라는 호르몬을 몸 밖으로 배출하는 작용을 한다. 눈물을 흘리면 공격 본능과 적대감이 줄어들면서 인체는 생리적, 심리적 안정을 되찾게 된다. 천연 항암제보다 탁월한 효능이 있을뿐더러, 울고 나면 눈의 먼지도 깨끗하게 없어져 눈 건강에도 더없이 좋은 치유의 샘물이란다.

그러니 그대 가물은 감정의 대지에 눈물의 비를 흠뻑 내리게 하라. 봄비에 씻긴 아름다운 풍경처럼 메마른 가슴에서 싱그러운 행복이 무성하게 자랄 수 있도록.

아름다움

모두가 원하는 꿈의 산물

아름다움은 천재(天才)의 한 형태이고,
그것은 설명할 필요가 없기에 천재보다 더 고차원적이지요.
아름다움에는 하늘이 부여한 권리가 있어요.
아름다움을 소유한 인간은 왕이 되지요.

__오스카 와일드, 《도리언 그레이의 초상》 중에서

대다수의 사람들에게 아름다움이란 좋은, 즐거운, 선한, 참다운, 감동을 주는 것의 동의어일 것이다. 인간은 본능적으로 아름다움을 사랑하고 동경한다. 소설가 스탕달은 '아름다움은 행복의 약속'이라 표현했고, 철학자 마르실리오 피치노는 '사랑은 아름다움에 대한 욕망'이라고 말했다. 사상가 몽테뉴는 아름다움이 갖는 절대적인 힘을 이렇게 찬미하기도 했다.

아름다움이란 얼마나 강력하고 이득이 되는 특징인지 수백 번 강조해도 결코 지나침이 없다. 세상에 아름다움을 능가할 가치란 없다.

이를 증명이라도 하듯 고대에서 현대에 이르기까지 아름다움은 철학자, 지식인, 예술가들의 끊임없는 논쟁거리가 되었고, 미에 대한 숱한 전설과 신화를 낳았다.

사람들은 왜 아름다운 인간에게 사랑을 느끼고 매혹당할까? 고작 한 뼘 크기의 얼굴, 그것도 이목구비의 각도가 약간 다른 것에 불과한 미세한 차이가 한 사람의 인생을 통째로 바꿀 정도로 엄청난 위력을 발휘하는 까닭은 무엇일까? 인간은 각자의 마음속에 이상적인 아름다움의 척도를 가졌으며, 이 미적기준을 잣대로 미남 미녀 혹은 추남추녀를 결정짓기 때문이다.

미인의 기준에 적합한 모델을 제시하는 교과서는 미술이다. 만일 세계적인 명화에 등장하는 절세미녀들이 없었다면 과연 미인열전이 쓰일 수 있었을까?

그러나 눈부신 미모를 자랑하는 명화 속 미녀들은 실재하는 여자가 아닌 예술가에 의해 연출된 인조 미인들이다. 르네상스시대 화가이자 《회화론》의 저자인 알베르티에 따르면 인체의 미를 편집하고 디자인한 결과물이 바로 완벽하고 이상적인 미녀로 나타난다. 알베르티는 절세미녀의 탄생 과정을 다음과 같이 얘기한다.

기원전 5세기 경 그리스 화가인 제욱시스는 크로톤 섬의 헤라 신전을 장식할 헬레네의 초상화를 주문받았다. 그러나 그리스 최고의 화가로 명성이 자자한 제욱시스이건만 붓을 들 엄두조차 내지 못했다. 헬레네가 과연 누구인가! 그리스 신화에서는 그녀가 불과 열두 살에 미케네의 왕 아가멤논과 이타카의 왕 오디세우스를 제외한 전 그리스 왕족들이 구혼자로 나설 만큼 빼어난 미모를 지녔다고 찬미하지 않았던가. 그녀가 그처럼 아름답지 않았다면 그 유명한 트로이 전쟁은 일어나지 않았으리라는 것도. 그런데 문제는 헬레네는 신화 속의 여성이라는 것. 제욱시스는 모델이 없는 상태에서 오직 상상만으로 미의 여신 비너스와 견줄 만큼 완벽한 미녀의 초상화를 그려야만 했다.

고민을 거듭하던 제욱시스에게 기막힌 아이디어가 떠올랐다. 화가는 크로톤 섬의 최고 미녀 다섯 명을 고른 다음 미인들의 가장 아름다운 부

35
도미니코 베카푸미
제욱시스와 크로톤의 처녀들
1591
프레스코

분을 조합해 초상화를 그리는 것으로 숙제를 해결했다. 이 그림은 16세기 이탈리아 화가 도미니코 베카푸미(Dominico Beccafumi)가 절세미녀를 그림에 최초로 창조한 제욱시스 일화를 상상력을 발휘해 재현한 것이다.[35]

제욱시스 전설은 제 아무리 미모가 뛰어난 여성일지라도 신체적 결함을 지녔으며, 완벽한 미인은 현실세계에서 존재하지 않는다는 것을 알려주고 있다.

아름다움의 전형을 창조하다

완벽한 미인은 가공의 산물이라는 점을 일깨워준 제욱시스 일화는 후배 예술가들에게 많은 영향을 끼쳤고, 특히 16세기 화가와 시인들의 지대한 관심을 끌었다. 레오나르도 다 빈치, 미켈란젤로와 더불어 르네상스 3대 천재 중의 하나로 불리는 라파엘로(Raffaello Sanzio) 역시 제욱시스 이야기에 매료되었다. 화가는 《궁정인》의 저자 카스틸리오네에게 이런 편지를 보냈다.

미인을 묘사하려면 먼저 수많은 아름다운 여성들을 봐둘 필요가 있습니다. 단, 당신이 저와 함께 가장 아름다운 여자를 선택한다는 전제하에서 말입니다. 그러나 현재 미인을 고를 수 있는 안목을 지닌 심사위원도, 아름다운 여자도 부족하기에 저는 마음속에 떠오르는 가상의 이미지를 그림에 이용할 생각입니다.

다음 여성이 바로 라파엘로가 그림에 창조한 이상적인 미녀다.[36] 그림의 제목은 〈벨라타〉, '벨라타'는 아름다운 여자라는 뜻이다. 그림 속 여자는 이름에 걸맞은 완벽한 미모를 지녔다. 계란형의 얼굴, 부드럽고 진한 갈색 눈동자, 그리스 조각상처럼 오똑한 콧날, 섬세한 입술, 결이 고운 피부 등 자연이 아름다운 여자에게 베풀 수 있는 선물을 죄다 받은 듯싶다.

여자의 세련된 패션 감각도 미모를 돋보이게 하는 역할을 한다. 흰색과 금색, 부드러운 담황색이 섞인 블라우스는 기품이 넘치는 우아한 얼굴과 황홀한 조화를 이룬다. 그래서인지 이 초상화는 '가장 아름답고 조화로운 여성미의 극치을 보여준 초상화' '이보다 더 여자를 아름답게 그릴 수 없다' '가장 위대한 창작품 중 하나'라는 극찬을 받고 있다.

라파엘로는 아름다운 여자는 바로 이렇게 생겼다고 초상화를 통해 보여주었다. 그가 미녀의 전형을 창안한 덕분에 수많은 화가들은 초상화 속 미녀의 자세를 모방하고 차용하고 변주하는 등 다양한 미녀들을 재창조할 수 있었다.

라파엘로에게는 이상적인 미녀를 창조할 수 있는 비장의 무기가 있었다. 비장의 무기란 화가의 영감을 자극하는 현실 속의 미녀인 마르게리타 루티를 가리킨다. 일명 '빵집 딸'로 불리는 마르게리타 루티는 빼어난 미모를 지녔다고 전해진다. '빵집 딸'이라는 별명을 갖게 된 것은 그녀의 아버지가 로마 바티칸 교황청 근처에서 빵가게를 운영하고 있었기 때문이다.

어느 날 라파엘로는 교황청으로 가는 길에 우연히 빵집 마당에서 발을 씻는 처녀를 보게 되었고, 그녀의 눈부신 아름다움에 첫눈에 반해 사랑에 빠지게 되었다. 한순간에 마음을 빼앗긴 화가는 처녀에게 구애했고, 두 사람은 연인이 되었다, 이 운명적인 사랑은 라파엘로가 세상을 떠날 때까지 12년 동안이나 지속되었다.

36
라파엘로
벨라타
1490
목판에 유채

마르게리타의 미모는 화가의 예술혼을 자극했다. 라파엘로는 현실에서는 찾아볼 수 없는 천상의 아름다움을 연인에게 선물하고 싶었다. 그는 그녀를 모델 삼아 세상에서 가장 아름다운 성모 마리아 초상화를 그리게 된다.[37]

〈식스투스 성모상〉이라는 제목으로 불리는 그림은 성모 마리아 초상화의 백미로 손꼽힌다. 초록색 장막을 젖히고 구름을 밟으면서 나타나는 성모 마리아의 자태는 흠잡을 데 없이 완벽하게 아름답다. 아기 예수를 두 팔에 안고 있는데도 성모는 깃털처럼 가볍게 느껴진다. 라파엘로는 현실미와 이상미를 절묘하게 결합해 절대적인 미를 창조한 것이다.

이상적인 미녀의 전형으로 찬양받는 성모상은 미술애호가뿐만 아니라 대중들의 폭넓은 사랑을 받고 있다. 유럽 중산층 가정의 실내를 장식하는 인기 복제화도 라파엘로의 〈식스투스 성모상〉이다.

라파엘로는 연인의 미모에서 부족한 부분을 상상력으로 채우고 수정 보완하는 등 그림 성형을 통해 미녀초상화의 전형을 창조했다. 라파엘로는 왜 연인의 실제 얼굴을 그리는 대신 미화시켰을까?

마르게리타가 제 아무리 빼어난 미모를 지녔다고 할지라도 미녀 초상화가 요구하는 완벽하고 이상적인 미의 기준을 모두 충족시킬 수는 없었기 때문이다. 르네상스 시대 화가들은 초상화를 그릴 때 미의 규칙을 엄격히 준수했다. 화가에게 실물과 닮게 그리는 재주보다 더 중요한 것이 있었으니 바로 모델을 이상적으로 미화시키는 기술이었다. 모델의 특징을 파악해서 실제 인물인지 알 수 있게 하면서도 이상적인 미를 부여하는 고도의 테크닉을 구사하는 화가가 일류 화가로 대접을 받았다.

예술가들은 왜 실물을 똑같이 묘사하는 대신 인물을 조작하고 미화시

37
라파엘로
식스투스 성모상
1513
캔버스에 유채

켰을까? 당시에는 초상화에 인물의 결함이나 추함을 재현하는 것을 용납하지 않았기 때문이다. 르네상스인들에게 예술은 아름다움 그 자체였다. 사람들은 아름다운 모습을 그린 초상화를 보고 싶어했다. 화가들 역시 예술가의 임무란 이상적인 미를 초상화에 구현하는 것이라고 믿었다.

화가들은 완벽한 미인은 현실적으로 존재하지 않는다는 사실을 잘 알고 있었다. 그들은 시각적으로 아름다움을 느낄 수 있는 미의 비례인 황금률을 모델의 얼굴에 적용해 가공의 미인을 창조하는 데 몰두했다. 당시 예술가들이 신봉한 미의 교과서에는 이상적인 미인의 조건이 상세하게 기록되어 있었다. 예를 들면 이마는 턱 길이보다 길고, 정면에서 보았을 때 뺨의 넓이가 입 넓이 보다 넓지 않고, 귀의 높이가 코와 같고, 양 눈 사이의 거리가 코의 넓이와 일치하고, 입의 넓이는 코의 넓이의 1.5배, 콧마루의 경사는 귀의 축과 평행, 콧구멍에서 턱의 아래 선까지의 거리는 얼굴 전체 길이의 3분의 1이어야 한다 등등. 화가들은 인체를 수학적으로 측정하고 정교하게 디자인했다. 그 결과 미학적으로 가장 아름다운 초상화의 미인들이 탄생한 것이다.

이러한 미의 규칙은 수세기에 걸쳐 서양미술에서 아름다움을 표현하는 근거가 되었다. 그러나 그런 예술가들에 의해 조작된 미인의 허상을 과감하게 깨부수는 작업을 시도하는 현대예술가들이 나타나기 시작했다. 대표적인 예술가는 프랑스 행위 예술가인 생 오를랑(Saint Orlan)이었다.

미의 허상을 깨다

오를랑은 예술가의 임무란 미를 창조하는 것이라는, 자연이 만든 얼굴을 수학적인 비율로 교정해 미화시킨다는 전통적인 미의식에 정면으로 도전장을 던졌다. 그녀는 미와 추를 가르는 경계선을 허무는 작업에 착수하는 동시에 미의 신화를 벗기는 파격적이면서 도발적인 작품들을 연달아 선보였다.

세계적인 명화에 등장한 미인들을 선택해 자신의 얼굴과 신체를 성형한 〈생 오를랑의 환생〉이라는 '성형 퍼포먼스'가 왜곡된 미인관을 조롱하는 그녀의 대표적인 작품이다. 오를랑은 보티첼리가 그린 '비너스'의 턱, 레오나르도 다 빈치가 그린 '모나리자'의 이마, 퐁텐블로 화파가 그린 '다이아나 여신'의 눈, 구스타프 모로가 그린 '유로파'의 목, 장 레옹 제롬이 그린 '프시케'의 코를 성형수술로 조합해 스스로 인공 미인으로 거듭났다.[38]

오를랑은 1978년 성형수술을 받는 것을 시작으로 1990년대까지 수차례나 수술대에 오르는 충격적이면서 엽기적인 퍼포먼스를 펼쳐나갔다. 1990년부터 93년 사이에는 무려 아홉 차례에 걸쳐 성형수술을 받기도 했다.

그녀는 예술가의 몸을 성형도구로 삼은 것도 부족해 성형수술 장면을 국제적인 빅 이벤트로 연출했다. 오를랑은 부분 마취상태에서 마이크를 잡고 성형수술을 생중계하고, 위성으로 방영하고, 비디오로 찍고, 무용 공연을 펼쳤다. 이런 엽기적인 성형수술 퍼포먼스를 통해 그녀는 세계적인 명성을 얻게 되었다. 오를랑에게 성형 퍼포먼스는 어떤 의미를 지녔을까?

나는 성형수술을 미디어로 활용한 최초의 예술가다. 미용수술을 받는 목적은 더 예뻐 보이고, 젊어 보이기 위해서이지만, 나는 성형수술의 목

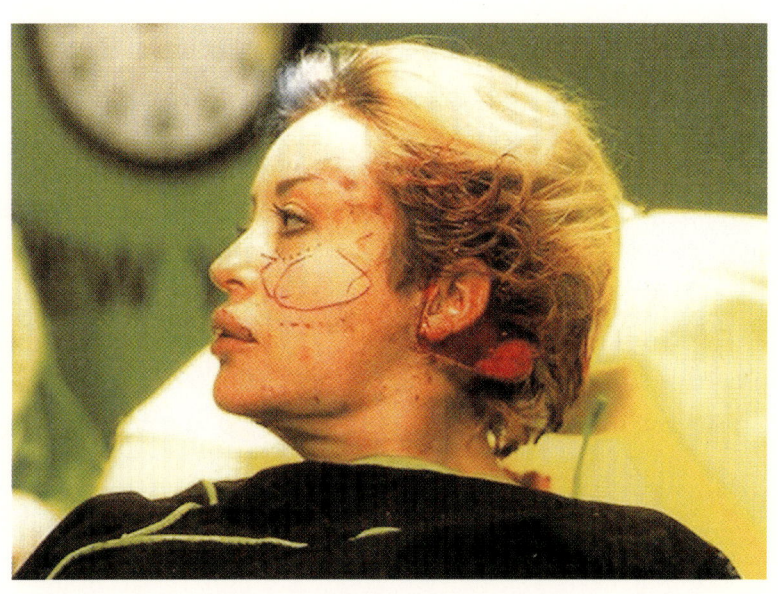

38
생 오를랑
성형 퍼포먼스 장면

적을 퍼포먼스로 전복시켰다. 나는 예술의 제단에 몸을 맡겼다. 내가 죽고 나면 시신은 과학관이 아닌 미술관으로 보내져야 하리라.

현재 오를랑은 인체에 무리가 가는 성형 퍼포먼스를 더 이상 진행할 수 없게 되었다. 1993년 이후에는 디지털 합성사진으로 성형수술을 받는 것과 같은 효과를 내는 작품들을 제작하고 있다.[39]

엽기적이고 기괴해 보이는 성형퍼포먼스를 통해 그녀가 전달하고자 하는 메시지는 확연하다. 명화에 등장한 완벽한 미녀들, 황금률을 적용해 창조된 절세미인들과 자신의 얼굴을 비교하면서 열등감과 좌절감에 빠진 여성들에게 경종을 울리는 것이다. 그런 한편 현대인들의 미인숭배 광풍을 고발하는 것이다.

이제 독자는 아름다움의 잣대는 명화 속의 미녀들이며, 예술작품에 등장한 절세미녀들이 대중들의 미적 취향을 결정짓는다는 사실을 새롭게 알게 되었다.

화가들은 미의 기준을 만들고 아름다움을 정의했다. 만일 예술가들이 절세미녀들을 초상화에 묘사하지 않았다면 미인에 대한 사람들의 인식이 어떻게 변했을지 궁금해진다.

먼 옛날 제욱시스 전설은 현대에까지도 엄청난 위력을 발휘하고 있다. 영화, 광고 분야에서는 미의 부분들을 조합해 가공미인을 만들어 내고 있으니 말이다. 예를 들면 유명 여배우의 얼굴에 다른 사람의 멋진 몸매를 조합하고, 특수 전문모델의 손과 발을 빌려 완벽한 아름다움을 연출하고 있다. 하지만 글의 첫머리에서 언급했듯 이상적인 아름다움은 어디까지

생 오를랑

나 이상, 즉 꿈의 산물이다.

　완벽한 미녀는 허상이지만 그렇다고 지레 체념할 필요는 없다. 아름다운 여자가 되는 방법은 현실에서 얼마든지 찾을 수 있으니까. 미국의 국민소설로 사랑받는 마가렛 미첼의 《바람과 함께 사라지다》의 첫 장을 펼치면 미인이 되는 비법이 적혀 있다.

　스칼렛 오하라는 미인은 아니지만 그녀의 매력에 한번 사로잡히게 되면 그녀가 세상에서 가장 아름다운 여자라고 느껴진다.

　그렇다. 평균치의 용모를 절세미녀로 성형하는 비법은 바로 매력이다.

고독

············· 진정한 자신과 만나는 순간

이 세상에서 가장 강한 인간은
고독 속에서도 홀로 서는 인간이다.
_헨리 입센

대다수의 사람들에게 고독이란 어떤 의미를 지녔을까? 버림받은, 공허한, 상처받은, 인정받지 못한, 소통되지 않은 것의 동의어가 아닐까? 사람들이 혼자 있는 시간을 겁내고, 수다를 떨고, 서둘러 결혼하는 것도 고독을 마음의 질병처럼 여기기 때문인지도 모른다.

일반인들은 고독을 어둡고 음울하고 부정적인 감정으로 받아들이는 반면, 철학자나 예술가들에게 고독이란 인간을 각성시키는 긍정적인 감정이다. 예를 들면 인도의 철학자 오쇼 라즈니쉬는 "누구도 그대의 공허감을 채워줄 수 없다. 자신의 공허감과 조우(遭遇)해야 한다. 고독을 안고 살아가면서 그것을 받아들여야 한다"라면서 고독을 회피하는 대신 친해지라고 충고한다. 독일의 시인이며 소설가인 헤르만 헤세는 고독을 '정신적인 이유기'에 비유한다.

어린이가 어른이 되는 것이 단 하나의 길이며 유일한 과정인 것처럼 외로움은 너 자신이 되는 것, 부모에게서 독립하는 것이다.

독일의 신학자인 폴 틸리히는 사람들은 고독을 외로움과 혼동하고 있다고 주장한다.

외로움이란 혼자 있는 고통을 표현하는 말이고, 고독이란 혼자 있는 즐거움을 표현하는 말이다.

독일의 문호 괴테는 고독을 영감의 제조기로 여겼고 "영감은 오직 고독 속에서만 얻을 수 있다"라는 말을 남겼다.
이처럼 예술가나 철학자와 일반인들이 느끼는 고독의 체감온도는 너무도 다르다. 그럼 고독이 주제인 미술작품을 감상하면서 고독이 인간에게 어떤 의미를 주는지 되새겨보는 시간을 가져보자.

그림자에 담긴 고독을 바라보다

고독한 현대인들의 초상을 가장 감동적으로 표현했다는 찬사를 받는 미국화가 에드워드 호퍼(Edward Hopper)의 그림이다.[40]

한 여자가 침대에 앉아서 창밖을 응시한다. 환한 아침햇살이 실내로 들어와 여자의 몸을 비춘다. 여자가 있는 곳은 가정집이 아닌 듯하다. 도시의 모텔일까? 여자는 뜬눈으로 밤을 보낸 것 같다. 말끔하게 정돈된 침대에서 그녀가 잠을 잤다는 흔적조차 찾을 수 없으니 말이다. 여자의 무표정한 얼굴과 경직된 자세에서도 그녀가 밤새도록 잠을 이루지 못했다는 것을 추측할 수 있다. 여자는 무슨 말 못할 사연이 있기에 홀로 모텔에 들어와 밤을 지새운 것일까? 우리는 그림 속 여자가 누구이며, 그녀의 고민이 무엇인지 알 수는 없다. 그러나 지금 이 순간 여자가 한없이 고독하다

40
에드워드 호퍼
아침 태양
1952
캔버스에 유채

는 것만은 느낌으로 확연하게 알 수 있다. 화가는 여자의 고독을 관객에게 전달하고 싶었던지 화면을 정교하게 연출했다.

먼저 기하학적 구도를 선택했다. 창문, 블라인드, 침대, 햇살이 만든 벽면의 무늬, 심지어 베게도 사각형 형태다. 돌처럼 굳은 여체와 얼굴의 선도 긴장감을 자아내는 직선이다. 그림에서 둥글고 부드러운 것이라고는 오직 여자의 동그란 머리뿐이다. 다음은 여자의 시선이다. 화가는 여자가 쓸쓸하게 창밖을 바라보는 순간의 옆모습을 그렸다. 관객은 그녀가 무엇을 보고 있는지, 어떤 생각을 하는지 짐작할 수 없지만, 저절로 여자의 눈이 되어 바깥풍경을 함께 바라보고 싶은 마음이 들게 된다. 끝으로 화가는 여자의 고독을 강조하는 효과적인 도구로 그림자를 활용했다. 여자가 앉아 있는 등 뒤 침대보와 베게에 그녀의 그림자가 짙게 드리워져 있다. 그림자는 여자의 내면에 잠재된 고독을 밖으로 드러내는 장치다. 즉 의인화된 고독이다.

미술사학자 빅토르 스토이치타에 따르면 그림자는 시각화된 영혼을 가리킨다. 그는 검은 그림자가 인간의 영혼을 담은 분신이라고 주장했다. 그는 그림자가 인간의 내면적 자아를 밖으로 드러내는 강력한 수단으로 사용된다는 자신의 주장을 증명하는 대표적인 사례로 초현실주의 화가인 조르지오 데 키리코(Giorgio de Chirico)의 그림을 제시했다.[41]

지중해의 눈부신 햇살이 도시의 거리에 쏟아진다. 로마식 아케이드가 도열하듯 서 있는 도로에 한 소녀의 그림자가 나타난다. 소녀의 그림자가 굴렁쇠를 굴리면서 앞으로 달려간다. 소녀의 옷과 머리카락이 바람에 날리는 모습을 그림자가 재현한다. 도로 위쪽에도 정체불명의 검은 그림자가 길게 드리워져 있다. 화가는 지중해의 강렬한 태양빛이 내리쬐는 공간과 어둡고 진한 그림자가 드리워진 부분을 선명하게 대비시켰다. 그 결과 신비하면서 불길하고 수수께끼 같으면서 섬뜩한 느낌을 안겨주는 그림이 창조되었다. 키리코는 그림자의 신비한 효과를 확신한 나머지 다음과 같은 얘기를 남겼다.

과거와 현재, 미래의 모든 종교보다 태양빛을 받으면서 걷는 사람의 그림자가 더 많은 신비를 간직한다.

추억의 광맥을 채굴하다

도시인들이 느끼는 고독감을 그림에 실감나게 묘사했다고 평가받는 호퍼는 미국적인 이미지를 그림에 표현한 화가로도 널리 알려져 있다. 호퍼는 미국인들에게 인기가 높은 이른바 국민화가다. 그가 미국인들에게 많은 사랑을 받는 이유는 그림의 주제가 휴게소, 호텔, 극장, 식당, 거리 등 미국의 도시풍경이며, 평범한 도시민들의 일상을 묘사했기 때문이다.

호퍼의 그림에 나온 사람들은 대부분 혼자이고, 부초처럼 떠돌며, 내면의 상처를 응시하는 고독한 인간이다. 미국인들은 그림 속 인물이 자아내는 고독한 분위기에 공감하는 한편 동질감을 느끼기 때문에 그의 그림을 그토록 좋아하는 것이다. 호퍼가 도시민의 고독과 단절감을 그림에 실감나게 표현할 수 있었던 비결은 시대를 통찰하는 능력과 로드(Road) 체험에서 비롯된다.

그는 1925년 중고 자동차를 구입한 후, 매년 몇 달 동안 집을 떠나 모텔, 야외, 식당, 휴게소, 거리에서 살면서 도시민들의 일상을 관찰하고 그림에 표현했다. 이러한 경험을 바탕으로, 1930년대 경제대공황의 위기

41
조르지오 데 키리코
거리의 우수와 신비
1914
캔버스에 유채

를 겪은 미국인들의 정신이 극도로 황폐해졌음을 간파했다.

호퍼의 그림은 앞서 오쇼 라즈니쉬가 언급한 "누구도 그대의 공허감을 채워 줄 수 없다. 자신의 공허감과 조우(遭遇)해야 한다"라는 말의 의미를 깨닫게 해준다. 아울러 고독이란 감정은 감상을 배제하며, 고독과 외로움은 각기 다른 감정이라는 점도 일깨워준다.

호퍼의 그림은 대중뿐만 아니라 예술가들에게도 커다란 영향을 끼쳤다. 예를 들면 미국의 시인 마크 스트랜드는 호퍼의 그림을 이렇게 시적으로 표현한다.

호퍼는 낯익은 장면들을 그림에 묘사했지만 보면 볼수록 낯설고 생소하게 느껴진다. 그림 속 사람들은 마치 다른 세상에 사는 것 같다. 그림은 아무것도 말해주지 않기에 우리는 사람들이 비밀스런 일에 몰두하고 있다고 추측할 수밖에 없다. 숨겨진 무언가의 존재감, 확실하게 있지만 드러나지 않은 어떤 존재감을 느끼게 된다. 우리는 조용히 그림 속 침묵과 대면하면서 그의 침묵에 점점 더 공감하게 된다. 그림에는 우리를 다른 곳으로 가라고 재촉하는 동시에 이곳에 머무르기를 강요하는 그 무언가가 있다. 이것은 고독의 무게로 우리를 짓누르고 우리와 세상과의 거리는 조금씩 멀어진다.

스위스 출신의 신세대 작가인 알랭 드 보통은 호퍼의 그림을 다음과 같이 풀이한다

그림의 주제는 고독이다. 호퍼의 인물들은 집에서 멀리 떨어져 있다.

그들은 혼자 있거나 혹은 서 있다. 호텔 침대 가장자리에서 편지를 읽고, 바에서 술을 마시고, 움직이는 기차에서 창밖을 물끄러미 바라보고, 호텔 로비에서 책을 읽는다. 마치 상처를 입은 듯 자신의 내면을 응시하는 표정을 짓는다. 방금 누군가를 떠나왔거나 멀리 떠나보낸 것 같다. 그의 그림은 감상자에게 자신이 지닌 슬픔의 메아리를 목격하게 한다. 그리고 그 슬픔으로 인한 괴로움과 중압감에서 벗어나게 해준다.

알랭 드 보통은 호퍼가 고독으로 고독을 치유하는 그림을 그렸다고 얘기하고 있는 것이다. 영혼의 응달진 부분을 양지로 바꿔주는 차가우면서도 따뜻한 고독, 사람들이 그림 속 인물들의 고독을 대리체험하면서 마음의 상처를 치유하게 하는 고독.

다음 그림[42]을 보면 마음의 상처를 치유하는 고독이란 어떤 의미인지 실감할 수 있다.

화면 오른편 문을 열면 문밖은 푸른 바다다. 바닷물이 문턱까지 차올라 출렁인다. 왼편 방에는 가구와 소파, 장롱, 그림 액자 등 낯익은 가재도구들이 보이지만 사람의 기척은 전혀 느낄 수 없다. 인간이 부재하는 공간을 찬란한 햇살이 대신 채워준다. 빈 집의 문을 당당하게 열고 들어와 주인인양 행세하는 눈부신 햇살! 텅 빈 충만, 환한 고독. 호퍼는 인간의 고독을 치유하는 백신은 자연이라고 그림으로 말하는 것이다.

집은 문명을 상징한다. 자연과 확연하게 구분되는 공간이다. 그러나 이 그림에서 집과 자연은 편 가르지 않고 소통한다. 사람들이 집을 짓는 까닭은 무엇인가? 집은 둥지를 짓는 것, 즉 떠돌지 않고 정착하겠다는 무언의 약속 아니던가. 하지만 그림 속의 집은 머무는 한편 자유롭게 떠나

42
에드워드 호퍼
바다와 면한 방
1951
캔버스에 유채

기를 권유한다. 틀에 박힌 일상을 벗어나 찬란한 햇빛을 길라잡이 삼아 문밖으로 나가라고, 늘 푸른 바다와 만나라고 권유한다. 이 그림을 보면서 "고독이란 자유다. 고독은 차가우면서도 조용하다. 별들이 운행하는 차갑고 고요한 우주 공간처럼 놀랄 만큼 조용하고 위대한 것이다"라던 헤르만 헤세의 글을 머릿속에 떠올리게 된다.

이제 '고독' 편을 마무리할 시간이 되었다. 가장 흔한 질문이면서 해답을 구하기란 무척 힘든 질문 한 가지. 인간은 왜 고독을 느낄까? 유독 나만이 고독을 아프게 앓는 것은 아닐까?

해답을 찾지 못한 사람들은 상심한 나머지 이런 생각을 갖게 되리라. 차라리 둔감해서 고독을 느끼지 않으면 좋으련만. 그러나 고독은 인간의 영혼에 보약이 되는 감정이다. 우주 먼 곳으로 추방하는 대신 오히려 감싸 안고 가야 할 소중한 감정이다. 왜냐하면 인간은 고독을 통해서 진정한 자신과 만날 수 있기 때문이다.

고독으로 고통 받는 사람들에게 헤세의 글을 선물한다. 그의 글을 읽으면서 마음의 위안을 얻을 수 있기를 진심으로 바라면서.

고독이란 운명이 인간을 자기 자신에게로 이끌어가는 길이다. 그러나 사람들은 고독을 두려워한다. 나는 극소수의 사람들만이 손해보지 않고 고독의 길을 걸어갈 수 있다는 사실을 잘 알고 있다. 마치 운명을 선택할 수 없는 것처럼 고독 또한 선택되지 않는다. 인간은 고독의 바다에 떠 있는 한 개의 섬. 자신에게 주어진 고독을 경험한 사람은 행복하다. 고독할 줄 아는 사람에게 행복이 있으라.

사랑

사랑도 공부가 필요하다

사랑하는 사람이 나에게 말했다.
"당신이 필요해요."
그래서 나는 정신을 바짝 차리면서 길을 걷는다.
빗방울까지도 두려워하면서
그것에 맞아 살해되어서는 안 되겠기에.

__베르톨트 브레히트, 〈아침저녁으로 읽기 위하여〉 중에서

앞의 글은 독일 시인이면서 극작가인 베르톨트 브레히트의 시 〈아침저녁으로 읽기 위하여〉의 전문이다. '당신이 필요해요'라는 연인의 말 한 마디에 행여 빗방울에 맞아 살해라도 당하지 않을까 두려움에 떠는 이 남자! 남자는 왜 자연의 선물인 빗방울마저도 기를 쓰고 피하려고 했을까?

  애인의 사랑을 받고 있는 자신이 눈물이 날만큼 소중해서, 아니, 차마 비에 젖기에도 죄송해서, 그토록 자신을 아끼고 돌보게 된 것이리라. 지극히 평범한 이 남자가 세상에서 가장 특별한 사람으로 변신하게 된 비결은 단 하나. 누군가로부터 사랑받는 존재가 되었기 때문이다. 남자는 설령 천덕꾸러기 취급을 받더라도, 혹은 핀잔을 당해도, 삶을 혐오하지 않을 것이다. 못난 자신을 타박하는 대신 애인의 다정한 눈길을 햇살 삼아 인생을 활짝 꽃피우게 될 것이다. 사랑은 이토록 한 인간을 거듭 태어나게 하는 신비한 능력을 지녔다.

  예술가에게도 사랑의 감정은 창작활동을 자극하는 중요한 요소가 된다. 사랑을 자양분 삼아 예술혼을 꽃피운 대표적인 예술가는 '사랑의 시인'으로 불리는 마르크 샤갈(Marc Chagall)이다. 만일 샤갈에게 사랑의 감정이 없었다면 그는 세계적인 예술가로 명성을 떨칠 수 없었을 것이다.

중력을 거부하는 유일한 방법, 사랑

다음 그림[43]은 사랑이 그의 예술적 모태라는 점을 증명한다. 남자가 마치 곡예를 부리듯 허공에 붕뜬 채로 몸을 비틀면서 여자와 입맞춘다. 남자의 기습적인 키스에 놀란 여자가 두 눈을 동그랗게 뜬다. 두 눈을 감고 키스의 달콤함에 젖은 남자는 화가인 샤갈이며, 연인의 입맞춤에 넋을 잃은 여자는 화가의 첫 번째 아내인 벨라다.

흔히 연인들은 키스의 황홀함을 표현할 때 몸이 공중에 붕 떠 있는 상태에 비유하곤 한다. 이 그림을 그릴 때, 샤갈의 기분이 바로 그랬다. 왜냐하면 화가와 키스를 나누는 여자는 하늘이 샤갈을 위해 짝지어준 구원의 여인, 운명의 여인, 예술의 뮤즈이기 때문이다.

샤갈은 스물한 살에 유대인 보석상의 딸인 아름다운 벨라를 만나 불같은 사랑에 빠졌다. 그는 당시 애인에게서 느꼈던 열렬한 사랑의 감정을 자서전에 이렇게 적었다.

벨라의 침묵도, 벨라의 눈도 모두 내 것이다. 그녀는 마치 나의 어린 시절과 현재, 미래까지 훤히 꿰뚫어보고 있는 것처럼 느껴진다. 그녀는 오래전부터 나를 지켜보면서 내 가장 깊은 곳에 자리한 생각들을 읽었던 것 같다. 나는 직감적으로 벨라가 내 아내가 될 것이라는 것을 알았다.

그러나 부유한 보석상인 벨라의 부모에게 두 연인들은 전혀 이상적인 커플이 아니었다. 벨라의 부모는 가난하고 사회적 지위가 낮은 무명

43
마르크 샤갈
생일
1915
캔버스에 유채

화가에게 사랑스런 딸을 시집 보낼 생각은 추호도 하지 않았다. 그들은 딸이 남자를 사귀기에는 아직 나이가 어리다는 핑계를 대면서(벨라는 샤갈보다 여덟 살 연하였다) 연인들의 사이를 갈라놓으려고 시도했다.

그러나 설령 부모일지라도 서로가 천생연분이라고 확신하는 두 사람의 사랑을 방해할 수 없었다. 특히 정열적인 샤갈에게 벨라가 없는 삶이란 상상조차 할 수 없는 끔찍한 일이었으니까.

드디어 1915년 7월 25일, 화가는 운명의 여인 벨라와 결혼식을 올리게 되었다. 결혼날짜가 결정되면서 화가는 마치 꿈이라도 꾸는 듯 하늘을 붕붕 날아다니는 황홀한 기분에 사로잡혔다. 다음 글에서 당시 샤갈이 느꼈던 행복감의 실체를 확인할 수 있다.

내가 문을 열 때마다 벨라와 함께 푸른 공기와 사랑, 꽃들이 실내로 들어왔다. 검정과 하얀색 옷을 입은 벨라는 오랫동안 캔버스 위를 날아다니면서 나의 예술혼을 이끌어주었다. 그녀의 이미지는 나의 예술에서 가장 중요한 요소가 되었다.

샤갈은 사랑의 기쁨과 행복을 이 그림에 생생하게 표현했다. 그림에 표현된 실내는 화가의 방이다. 벨라가 꽃다발을 들고 애인의 방으로 조용히 들어선다. 오늘은 사랑하는 남자가 세상에 태어난 날, 그녀는 연인의 생일을 축하하려고 꽃과 음식을 들고 샤갈의 집을 방문한 것이다. 넘치는 사랑을 주체할 수 없게 된 샤갈은 애인에게 키스하고 싶은 충동을 참을 수 없었다. 사랑은 그에게 용기를 주었기에 그는 사랑의 감정을 행동으로 옮겼다. 벨라는 훗날 자서전에서 화가의 생일날, 두 사람이 사랑의 절정에 도달한 순간을 다음과 같이 시적으로 묘사했다.

갑자기 당신은 내 옷을 벗기고 자신의 옷도 벗어던진다. (…) 당신은 벌떡 일어나 온몸을 사방으로 내뻗으면서 천장으로 날아오른다. 당신은 머리를 거꾸로 돌리면서 내 머리를 당신쪽으로 돌린다. 당신은 내 귀를 붓으로 간질이면서 달콤하게 속삭인다.

벨라는 1944년 세상을 떠날 때까지 샤갈의 수호천사, 아내, 어머니, 모델, 여신의 역할을 도맡았다. 만일 벨라가 없었다면 샤갈의 작품에서 가장 두드러진 특징으로 평가받는 꿈결처럼 감미롭고 환상적인 이미지는 창조되지 않았을 것이다.

샤갈에게 사랑이란 행복이며, 환희이며, 기적이었다. 화가는 자신이 체험한 사랑의 감정을 그림 속에서 하늘을 날아다니는 사람과 동물에게 투영했다. 인간은 숙명적으로 중력의 지배를 받는다.

중력은 인간에게 공포와 두려움, 불안을 상징한다. 추락이란 단어에서 나타나듯 중력이란 죽음, 실패, 절망의 동의어다. 반면 하늘을 나는 것은 희망과 상승, 신성을 의미한다. 따라서 인간은 현실의 제약과 인간의 한계를 뛰어넘고 싶은 갈망을 가슴속에 품고 살아간다. 새처럼 하늘을 날고 싶은 인간의 근원적인 욕구는 영화 〈버드(Bird)〉나 이상의 시 〈날개〉에서도 확인할 수 있다.

샤갈에게 중력을 거부할 수 있는 유일한 방법이란 사랑에 빠지는 것이었다. 사람들이 사랑을 가리켜 신비하고 경이로운 감정이라고 말하는 것도 사랑이 초자연적인 경험을 할 수 있도록 해주기 때문이다. 사랑은 샤갈의 예술에 날개를 달아주었다. 화가는 그림 속에 등장하는 모든 생명체가 자신처럼 사랑을 느끼고 하늘을 날 수 있기를 진심으로 바랐다.

샤갈은 그림 속에 사랑의 나라를 건설했다. 그 나라에 사는 모든 생명체는 중력의 무거움에서 해방되어 새처럼 하늘을 자유롭게 날아다닌다. 사랑이라는 불멸의 음료인 넥타르를 마시고 영원한 삶을 살아간다. 미술애호가들이 샤갈의 그림에 열광하는 것도 참을 수 없는 삶의 무거움에 짓눌린 사람들에게 사랑의 날개를 달아주고, 존재의 한계를 초월하는 신비로운 감정을 경험할 수 있게 해주기 때문이다.

텅 빈 마음을 사랑으로 채우다

한국의 조각가 이일호에게 사랑이란 외로움에 지친 사람들을 포근하게 감싸주고 위로해주는 따뜻한 마음을 의미한다. 그는 그런 자신의 바람을 다음 조각에 표현했다.[44]

두 남녀가 서로를 다정하게 포옹한다. 외로움에 지친 남자는 마치 새가 둥지에 깃들 듯 여자의 품속으로 파고들면서 얼굴을 묻는다. 여자가 자신의 옆구리를 지퍼처럼 열어 남자의 머리를 가슴속에 품어준다. 그녀는 부드럽고 따뜻한 속살로 남자의 차디찬 얼굴을 덥혀준다. 여자의 따뜻한 보살핌을 받은 남자는 마침내 마음의 안식을 찾게 된다.

이 작품은 감상자의 상상력을 자극한다. 여자는 둥지, 남자는 둥지에 깃든 외로운 새라는 뜻일까? 혹은 남자가 여자의 둥지에서 상처를 치유한 다음 새가 되어 날아간다는 의미일까? 여자의 가슴은 하트 모양으로 뻥 뚫려 있다. 여자가 자신의 살과 뼈를 절개하고 가슴속을 텅 비워둔 것은 남자를 위한 빈자리를 마련하고 싶어서가 아닐까?

44
이일호
마음은 외로운 사냥꾼
1990

여자의 몸과 두 손은 남자보다 크고 굵다. 남자에 대한 넘치는 사랑으로 인해 넉넉해진 몸이요, 두 손이라는 뜻이다. 조각가는 사랑을 갈구하는 모든 남자들의 바람을, 사랑하는 여자에게 위로받고 싶은 절절한 심정을 조각에 표현했다. 이일호는 자전적 에세이에서 여자의 품안에 얼굴을 묻는 남자는 자신의 분신이라고 고백한다.

내 마음속에는 언제나 그리움이 고여 있다. 사랑으로 싹튼 애절하고 절박한 그리움은 항상 너의 가슴으로 귀환한다. 사랑은 멀리 흘러갔다가 되돌아오는 종소리. 내가 너의 가슴에 기대어 영원히 잠들 수 있도록 여인이여, 제발 그리운 마음을 열어주기를….

다음 작품[45]의 주제도 사랑에 대한 그리움이며, 갈망이다.
한 남자가 얼굴은 꽃이며 몸은 여자인 존재에게 몸을 기댄 채 무릎을 꿇고 경배를 드린다. 인간과 식물을 혼성한 에로틱한 결합체는 꽃의 요정이다. 요정은 싱그러운 녹색으로 몸을 물들이고 화려한 꽃을 피우면서 남자를 유혹한다. 남자는 요정에 대한 사랑을 감추지 못하고 온몸을 분홍빛으로 물들인다.
예술가는 사랑하는 여자를 꽃에 비유한 의도를 다음과 같이 밝혔다.

여자는 평생에 걸쳐 세 번 꽃으로 피어난다. 20대 여자는 자신의 몸만으로도 아름다운 꽃을 피운다. 40대 여자는 시각적인 꽃이 아닌 감성의 꽃을 피운다. 60대 여자는 마음의 꽃으로 피어난다. 이렇게 여자는 일생 동안 세 번씩이나 꽃으로 피어나면서 세상을 아름답게 만든다.

45
이일호
요정

이일호의 말을 빌리면 작품 속 여자는 몸 자체가 꽃인 20대 여성이다. 여자는 자신의 아름다운 누드를 과시하듯 당당하게 서 있다. 남자는 여자에게 간청하는 자세로 무릎을 꿇었다. 앞서 감상한 작품과 이 작품에서 공통점을 찾을 수 있듯, 사랑의 주도권을 쥔 쪽은 단연 여자다. 여자는 남자보다 몸체가 크고 당당한 반면 남자는 어린아이처럼 몸체도 왜소하고 자세도 위축되었다.

이일호는 남자에게 사랑은 더욱 절실하고, 남자에게 그리움은 더욱 진하고, 남자에게 외로움은 더욱 크다는 점을 강조하고 싶었을까? 여자를 꽃으로 표현한 조각가는 자신을 꽃을 탐하는 꿀벌에 비유한다.

티끌만큼도 안 되는 꿀을 얻기 위해 벌새는 일초에도 팔십 번의 날갯짓을 한다. 나는 매일 저녁 여자의 몸속에 깃들어 평화의 꿀과 사랑의 무늬를 새겨 넣고 싶은 바람으로 몸을 뒤척인다.

조각가의 말에서 여자의 몸을 남자보다 크게 표현한 것에 대한 해답을 찾을 수 있다. 꿀벌인 남자의 몸체가 꽃인 여자의 몸체보다 작은 것은 자연의 이치인 것이다.

이일호의 작품에 공감하려면 예술가가 왜 그토록 애타게 사랑을 갈구하는지에 대해 분석할 필요가 있다. 프랑스 소설가 스탕달은 연애의 교과서로 불리는 《연애론》에서 연애의 형태를 다음의 4가지로 분류했다. 첫째, 정열의 연애, 둘째, 취미의 연애, 셋째, 육체의 연애, 넷째, 허영의 연애가 바로 그것이다. 스탕달은 네 가지 연애 중에서 정열의 연애를 사랑의 정수라고 주장했다. 스탕달의 이론을 이일호에 적용하면 그는 정열적인 사랑에 빠지는 타입이다. 정열적인 연애에 쉽게 빠지는 사람은 선천적으로 타고난다. 즉 사랑의 유형도 개인의 성격이나 기질에 의해 달라진다는 얘기다.

과연 어떤 사람들이 정열적인 사랑에 빠지는 DNA를 지니고 태어났을까? 예민한 감성, 풍부한 상상력, 외로움에 민감하게 반응하는 사람들이 정열적인 연애에 빠지는 타입이다. 이일호가 늘 외로움을 느끼고, 사랑을 보채고 여자에게 감성의 촉수를 뻗치는 것도 그가 정열적이면서 시적인 영혼을 지니고 태어났기 때문이다.

잃어버린 반쪽과의 만남

이일호에게 사랑은 합일에 대한 욕망이기도 하다. 그는 혼연일체가 되고 싶은 갈망을 〈화염경〉이라는 작품에 표현했다.[46]

꽃으로 변신한 연인들이 격정적인 사랑을 나눈다. 꽃술은 연인들의 얼굴이며, 꽃줄기는 그들의 팔다리다. 연인들의 감미로운 입맞춤이 농염한 장미꽃으로 피어나면서 천지에는 사랑의 향기가 만발한다.

예술가는 작품의 제목을 '화염경'이라고 붙인 속내를 이렇게 밝힌다.

형체가 없는 영혼은 늘 자신의 몸을 그리워한다. 제 몸을 느끼기 위해서는 다른 사람의 몸과 포개져야 한다. 사랑은 영혼의 빈틈을 메우려는 몸부림이다. 영혼의 빈틈에는 죽음의 공포가 도사리고 있고, 살과 살 사이에서 두려움과 환희가 대립한다. 사랑하는 사람들은 살과 살 사이의 빈틈을 없애려고 맹렬하게 요동친다. 하늘에서 백만 송이, 천만 송이, 억만 송이의 장엄한 꽃비를 내리게 한다. 내 몸이 네 몸 속으로 들어갔는데

46
이일호
화염경
2006

도 흔적조차 찾을 수 없는, 내가 너인지 네가 나인지의 구별조차 할 수 없는, 남녀간의 사랑은 영겁회귀를 노래하는 화엄세계의 춤인 것이다.

이일호는 사랑하는 사람과 하나가 되고 싶은 열망을 예술작품에 표현했다. 비단 예술가뿐만 아니라 평범한 사람들도 합일에 대한 강렬한 욕구를 갖는다. 인간은 사랑에 빠지면 왜 한 몸이 되기를 갈망할까?

철학자 플라톤의 저서 《향연》을 읽으면 의문이 풀린다. 플라톤은 《향연》에서 사랑이란 두 몸이 하나가 되고 싶은 원초적인 욕구라고 정의했다. 향연에 나온 최초의 인간은 남자와 남자, 여자와 여자, 남자와 여자 등 세 성이며 각자 등을 맞대고 살았다.

인간의 모습은 둥글고, 팔과 다리는 각각 네 개였으며, 이 여덟 개의 팔다리를 바퀴처럼 굴리면서 다녔다. 그런데 신의 제왕 제우스가 신들에 버금가는 능력을 가진 인간을 경계하게 되었다. 제우스는 인간의 막강한 힘을 제거하기 위해 몸체를 절반으로 나누었다. 신에 의해 강제로 몸이 두 쪽으로 잘리게 된 인간은 그 이후부터 잃어버린 자신의 반쪽을 그리워하게 되는데 그런 감정이 바로 사랑이라는 얘기다. 이일호에게 조각이란 자신의 잃어버린 반쪽과의 만남이다. 그에게 사랑은 영원한 예술의 주제인 것이다.

이렇게 예술가들은 예술작품을 통해 사랑을 다양한 방식으로 노래한다. 그러나 대다수의 사람들은 사랑 때문에 신세를 망치고, 영혼을 사기당하고, 불행을 잉태하게 되었다면서 푸념을 늘어놓는다. 왜 소중한 사랑이 불신과 환멸을 낳는 애물단지로 전락하게 되었을까? 사람들이 자극적인 사랑에 길들여지고, 무늬만의 사랑에 홀린 나머지 진실한 사랑과 구별할 수 없는 지경에 이르렀기 때문이다.

　사랑의 순수성을 잃어가는 현실이 못내 안타까웠던가. 독일의 정신분석학자인 에리히 프롬은 사랑의 본질을 되찾자는 의미에서 《사랑의 기술》이라는 책을 출간했다. 사랑학의 명강사를 자처한 프롬은 이 책에서 사랑이란 '정서적 감정이나 느낌이 아닌 의지와 노력의 산물'이라고 정의한 다음 사랑도 일종의 기술이라는 파격적인 주장을 펼쳤다.

　그는 사랑의 핵심이론을 피력하는 한편 사랑학의 자격증을 따기 위한 네 가지 실천방안도 제시했다. 네 가지 실천방안이란 훈련, 정신집중, 인내심, 관심을 가리킨다. 프롬은 사랑의 기술을 상대를 유혹하는 잔재주쯤으로 오해하는 사람들을 준엄하게 꾸짖는 한편 인간이 사랑을 공부해야 할 필요성을 다양한 사례를 들어 설명했다.

　굳이 프롬의 주장에 기대지 않더라도 인간은 고독이라는 감옥에 갇힌 가련한 죄수이며, 사랑을 통해 결합에 대한 갈망을 충족시킬 때 행복을 느낀다는 것을 우리는 경험으로 알고 있다. 닫힌 사랑에서 열린 사랑으로, 미숙한 사랑에서 성숙한 사랑으로, 환상의 사랑에서 현실의 사랑으로 나아가기 위해 사랑의 기술을 부단히 갈고 닦아야 한다는 점도.

　사랑을 공부해야 한다고 말한다면 대다수의 사람들은 '뜬금없이 웬 공부?' 하면서 손사래부터 치게 될 것이다. 그러나 사랑은 공부할만한 충분한 가치가 있다. 왜? 인격을 완성하고, 삶의 지혜를 터득하고, 살아 있는 매 순간이 기적이며 축복임을 절감하는 데 사랑 만한 스승은 없을 테니까.

폭력

도시인의 억눌린 본성

악은 그것을 범한 사람에게
바람에 날리는 먼지와도 같이 되돌아오게 마련이다.
인간이 저지른 악한 행동에서 벗어날 곳은 이 세상에 없다.
하늘, 바다, 깊은 산 속 그 어디라도.

_드하마파다

폭력과 악행하면 머릿속에 떠오르는 소설이 있다. 영국 소설가 앤서니 버지스의 대표작인 《시계태엽 오렌지》다. 스탠리 큐브릭 감독이 동명의 영화로도 제작해 세계적으로 유명해진 이 소설은 독자의 인내심을 시험할 정도로 끔찍한 폭력의 현장을 생생하게 표현해 숱한 논란을 불러일으켰다.

'폭력을 선동하는 감각적인 작품', '인간의 자유의지와 도덕적 의미에 대해 묻는 걸작'이라는 상반된 평가를 받는 이 소설에는 작가인 버지스의 자전적인 체험이 담겨있다. 소설가의 아내는 제2차 세계대전 중에 미군 병사에게 윤간을 당한 끝에 처참하게 살해당했다. 버지스는 끔찍한 과거의 상처를 치유하기 위한 일종의 씻김굿으로 현대인의 폭력성을 고발하는 이 소설을 집필한 것이다.

소설의 주인공인 알렉스는 폭행, 강도, 절도, 마약복용, 성폭력 등 갖은 악행을 저지르는 것이 취미인 열다섯 살의 불량 청소년이다. 알렉스에게는 선과 악에 대한 구분조차 무의미하다. 소년은 이렇게 서슴없이 내뱉는다.

그래, 나는 온갖 나쁜 짓들, 강도질, 폭력, 면도칼 싸움, 성폭행을 태연하게 저지르지. 여러분, 나같이 밤중에 설쳐대면서 자신을 달래는 놈들만 우글거린다면 국가를 운영할 수 없을 거야. (…) 악의 원인이 무엇인지 놈들이 발톱을 물어뜯으면서 연구한다는 말은 나를 웃겨. 선의 원인은 밝히지 않으면서 왜 반대쪽은 밝히려고 안달이냐고. 만일 인간이 착하다면 그건 지들이 그러고 싶어서 그런 것이니까, 난 그런 기쁨을 방해할 의도는 추호도 없어. (…) 정부 놈들이나 재판관, 학교 꼰대들은 인간의 본성을 인정할 수 없기 때문에 악을 용납하지 못하는 거야.

양심, 윤리도덕, 사랑 등의 인간적인 단어들을 머릿속에서 삭제해버린 알렉스는 놀랍게도 베토벤, 모차르트, 바흐의 음악을 즐겨 듣는 클래식 마니아다. 소년은 스테레오 스피커에서 흘러나오는 바흐의 음악에 황홀해 하면서 친부모를 폭행하고, 열 살밖에 안 된 두 소녀를 집으로 유인해 베토벤의 9번 교향곡을 들으면서 성폭행한다. 영혼은 천상의 음악을 갈망하면서도, 몸은 폭력의 기쁨에 중독된 모순적인 인간이 바로 알렉스다. 소년은 다음과 같이 독백한다.

바흐의 브란덴부르크 협주곡을 들으면서 그 음악이 무엇을 의미하는지 더 잘 이해하게 되었고, 그 오래전 독일 거장의 아름다운 갈색 음악을 들으면서 나는 인간들을 더 쎄게 패주고 갈가리 찢어 마룻바닥에 내팽개치고 싶은 걷잡을 수 없는 충동을 느꼈다.

피부로 느끼는 공포

버지스가 인간의 내면에 잠재된 폭력성을 비행 청소년인 알렉스의 행동을 통해 드러냈다면, 아일랜드 출신의 화가 프랜시스 베이컨(Francis Bacon)은 인간의 폭력적 성향을 육체, 즉 살코기로서의 몸에 투영했다.

같은 크기의 캔버스 세 개로 구성된 삼면화다.[47] 삼면화는 전통적으로 기독교 미술의 제단화에 사용되었지만, 이 삼면화에서 종교적인 분위기는 찾아보기 힘들다.

괴물처럼 보이는 형체가 몸을 잔뜩 웅크리고, 두 눈은 붕대로 가려진 채 이빨을 갈고, 날카로운 비명을 지른다. 주황색 배경에 갇힌 왜곡되고 변형된 형체가 인간인지 동물인지 구별하기조차 힘들지만 소름이 끼칠 만큼 강렬한 느낌만은 생생하게 전달된다.

화가는 폭력행위를 그림에 사실적으로 재현하지 않았다. 현대인들이 느끼는 폭력에 대한 공포를 감각적으로 표현했을 뿐이다. 그런데도 온몸이 오싹해지고 가슴은 떨린다. 한마디로 영혼까지 섬뜩해지는 무서운 그림이다.

누군가 밀실에서 고문을 받고 있을까? 아니면 사형수가 마지막 순간에 처절하게 외치는 울부짖음일까? 논리적으로 설명할 수 없지만, 그림은 사람들의 감각을 자극하고 마음을 불편하게 만든다.

왜 그런 느낌을 받게 될까? 화가는 '베이컨 표' 화풍으로 불리는 독특한 표현방식으로 폭력을 묘사했다. 이 괴기한 형체는 원래의 모습을 식별할 수 없을 만큼 뭉개지고 해체되고 변형되었다. 왜곡되고 뒤틀린 형체는 엄청난 폭력을 경험한 인체를 의미한다. 그림 속 형체는 자신의 육체에 가해지는 무자비한 폭력의 희생자다. 그의 피부는 짓이겨지고, 팔다리는 잘리고, 몸은 피투성이가 되었다. 그는 육체적 고통을 견디려고 이를 앙다물지만, 결국 참지 못하고 단말마의 비명을 지른다. 이탈리아

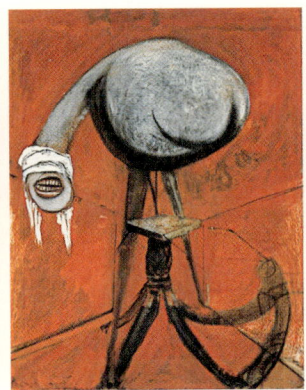

47
프랜시스 베이컨
그리스도 십자가 처형대 위의 인물에 대한 세 가지 연구
1944
압축패널에 유화와 파스텔

미술사학자 루이지 피카치에 따르면 "자신을 감싼 보호막이 벗겨진 인간의 육체가 내지르는 절망적인 외침"이다.

이 비명은 인간의 목소리가 아닌 도살장에 끌려가는 동물이 본능적으로 내지르는 외침에 가깝다. 프랑스 철학자 질 들뢰즈는 화가가 인간을 동물로 표현했다고 말한다.

베이컨의 회화에서 인간과 동물은 구별할 수 없고, 인간은 동물이 된다. (…) 고통 받는 인간은 동물이고 고통 받는 동물은 인간이다.

화가 스스로도 그런 점을 인정했다. 베이컨에게 인체란 부드러운 살점으로 이루어진 일종의 망이며, 이 망 속으로 피가 흐르는 것이다. 인간은 정육점의 갈고리에 걸린 고기 덩어리일 뿐이었다. 화가는 그런 자신의 생각을 다음과 같이 밝혔다.

도살장과 살코기에 관련된 그림들은 언제나 나의 관심을 끌었다. 나에게 이런 이미지는 십자가형이라는 고상한 주제와 밀접한 관련을 갖는다. (…) 확실히 인간은 살코기이며, 뼈대이다. 나는 정육점에 갈 때마다 내가 살코기의 자리에 걸려 있지 않다는 사실에 놀라곤 한다.

화가는 동물이 사람들에게 도살당하듯, 인간 역시 사회의 폭력에 의해 희생당하는 제물이라고 생각했다. 인간은 비록 강철 같은 의지와 정신력을 지녔지만 육체는 살과 뼈로 구성된 동물에 불과하다. 예를 들면 인간은 끔찍한 교통사고를 당한 순간 살덩이가 뭉개지고, 내장이 터져 나오고

뼈가 부러진다. 인간으로서의 존엄성은 순식간에 사라지고 동물로서 육체적 고통을 호소하는 비명을 지른다.

베이컨이 폭력이라는 주제에 관심을 가진 계기가 있다. 아일랜드에서 자랐던 화가는 그곳에서 야만적인 폭력을 생생하게 체험했다. 그뿐만 아니라 나치의 잔인함과 세계대전의 참상도 몸소 겪었다. 그는 무고한 사람들이 고문당하거나 처형당하는 모습, 도살장에 끌려가는 동물들처럼 울부짖고 비명을 지르는 모습을 목격했다. 화가의 눈에 비친 세상은 거대한 폭력이 지배하는 '인간도살장'이었다.

인간을 살코기로 전락시킨 베이컨의 그림은 관람객들의 심기를 건드린다. 베이컨은 현재 현대미술의 거장이며 세계에서 그림값이 가장 비싼 화가 중 한 사람이지만, 아직도 그의 그림을 대하면 노골적으로 혐오감을 드러내는 사람들이 있다.

질 들뢰즈에 따르면 감상자가 강렬한 느낌을 받는 것은 화가가 감정이 아닌 감각을 그렸기 때문이다. 베이컨의 그림은 인간의 두뇌를 자극하는 대신 신경을 건드린다는 뜻이다. 프랑스 비평가 미셸 아셍보가 관람객의 심정을 대변이라도 하듯, 베이컨에게 폭력성을 강조하는 그림을 그리는 이유에 대해 물었다.

사람들이 내 그림을 가리켜 폭력적이라고 말할 때마다 나는 매우 놀라곤 한다. 나는 내 그림이 폭력적이라고 생각하지 않으니까. 나는 결코 폭력을 추구하지 않는다. 오히려 우리들의 삶이 내 그림보다 훨씬 더 폭력적이다. 우리는 늘 폭력에 노출되어 있다. 특히 요즘에는 전 세계적으로 수백만 개가 넘는 폭력적인 이미지가 무차별적으로 쏟아져 나오지 않는

가. 폭력은 언제나 존재했고, 존재하며, 또한 영원히 존재할 것이다. (…) 다른 무언가를 위해 문을 열어주는 폭력, 낡은 질서를 산산조각 내는 폭력, 매우 드물지만 예술은 그런 일을 해낼 수 있다.

베이컨은 인간의 원초적인 속성 중의 하나인 폭력성과 폭력에 대한 공포를 화폭에 생생하게 표현한 업적을 인정받아 세계적인 화가의 반열에 올랐다. 일명 '베이컨 표'라고 불리는 화풍은 현대미술가들에게 커다란 영향을 끼쳤다. 그로 인해 절망적인 아름다움, 공포의 미학, 추함의 미학이라는 용어가 생겨났으니 말이다.

야수 같은 폭력적 본성

한국의 김성룡도 인간의 본성에 내재된 폭력성을 독창적인 방식으로 그림에 표현했다.

한눈에 보아도 섬뜩한 느낌이 들 만큼 강렬한 그림이다.[48] 한 남자가 만발한 목단꽃밭 속에서 마치 위협하듯이 관객을 노려본다. 남자의 날카로운 눈길은 칼날이 되어 보는 사람의 감각을, 의식을, 감정을 벤다. 불온한 기운이 피처럼 새빨간 목단꽃이 되어 화면 가득히 피어난다.

웃통을 벗고 허리띠를 풀어헤친 이 남자, 열린 바지 틈새로 검은 체모를 드러낸 이 남자, 목단꽃처럼 붉은 피를 주체하지 못해 으르렁거리는 이 남자는 청년 건달이다. 남자는 행복으로 디자인된 인생과 문명화된 삶을 거부하는 현대의 원시인이다. 그는 사회제도와 윤리도덕에 예속되기보다 원초적 본능을 좇는 도시의 사냥꾼이다. 화가에게 진화되기를 거부하고 날 것의 감각을 신봉하는 건달을 그린 의도가 무엇인지 물었다.

48
김성룡
목단꽃
1998
종이에 유성 색연필

6월 목단꽃을 유성 색연필과 유성 펜으로 그린 그림입니다. 서슴없이 아랫도리를 풀어헤친 채 정면을 쏘아보는 남자와 그의 등 뒤에 핀 목단꽃은 화면에 긴장과 불안을 증폭시킵니다. 그의 시선에서 세상에 대한 분노와 살의를 느낄 수 있습니다. 그가 아랫도리를 풀어헤친 것은 세상에 대한 적개심을 나타내는 동시에 남자들에게 잠재된 변태적 욕망의 무의식적 발로이기도 합니다. 1999년에 그려진 대부분의 그림들은 진홍색 배경에 인물들이 등장합니다. 그 붉음에는 혈관 속에 흐르는 피처럼 뜨겁고 긴장된 날 것의 에너지가 있습니다. 초현실적이고 생경한 공간 속에서 인물은 유령처럼 배경 밖으로 솟아납니다. (…) 그림이 제 아무리 강렬하고 기이하여도 세상 밖의 현실은 더욱 리얼해서 몽환적입니다. 잠재된 폭력이나 공포는 평화롭게 보이는 일상의 도처에 숨어 있고 인간의 얼굴을 한 야만이 세상을 조롱하듯이 존재합니다. 목단꽃은 그런 세계의 기이함에 대한 표현이면서 멈출 수 없는 시한폭탄처럼 시계의 분침이 돌아가는 긴장된 세계에 대한 무력한 개인의 초상이기도 합니다.

백남준 미술관의 이영철 관장은 폭력의 본성을 해부한 김성룡의 그림을 다음과 같이 평가한다.

그는 일찌감치 세상의 바닥을 보았다. 황무지 같은 도시의 거리에는 포식자가 넘쳐흐르고 도시는 잔인함이 넘쳐흐르는 정글이다. 우리의 본능은 날카롭고 필요할 때면 서로를 사냥감으로 선언하고 덤벼든다. (…) 그의 그림들은 현실의 장막을 찢으며 존재가 드러날 때의 날카로운 야수적 이빨, 존재의 폭력성을 거침없이 드러낸다. 그것은 우리의 감정선을 거침없이 건드리는 도화선이다.

그림 속의 젊은 남자가 현실에서 마주치는 폭력을 상징한다면, 다음 그림[49]에 나온 소녀는 청소년의 내면에 잠재된 폭력성을 나타낸다.
교복을 입은 소녀가 얼굴을 찡그리면서 고함을 지른다. 소녀는 적과 맞붙어 치열하게 싸우는지 전투적인 자세를 취했다. 여고생의 두 팔은 기계다. 소녀는 인간과 기계의 혼성체인 사이보그다. 여고생 사이보그는 적의 공격을 받았던가. 가슴에 생긴 상처의 구멍에서 붉은 피가 솟구친다. 상처에서 흘러나온 새빨간 피가 소녀의 두 발밑을 흥건히 적신다. 핏방울이 모여 소녀의 발치에 'FUCK'이라는 글자를 새긴다.
이 단어가 무엇을 의미하는지 굳이 설명할 필요가 있을까? 화가는 컴퓨터 가상공간에서 폭력적인 게임에 몰두하면서 야수성을 표출시키는 청소년들을 사이보그에 비유해 표현한 것이다. 공부에 짓눌린 사춘기 청소년들의 공격성을 배출할 곳이 현실에는 없다. 청소년들에게 유일한 대안이란 가상공간이다. 아이들은 가상공간에서 살인 게임에 몰두하면서 적개심을 해소한다.
김성룡은 그림의 의미를 이렇게 풀이한다.

그림 속의 소녀는 무언가를 응시하면서 고함을 치지만 엉킨 실타래처럼 복잡한 소녀의 내면은 알 수 없습니다. 성장기의 분노와 고통은 좌절의 형상으로 나타납니다. 불안과 불길함은 그런 억압에 대한 반사적 저항인 고함, 즉 외침으로 나타납니다.

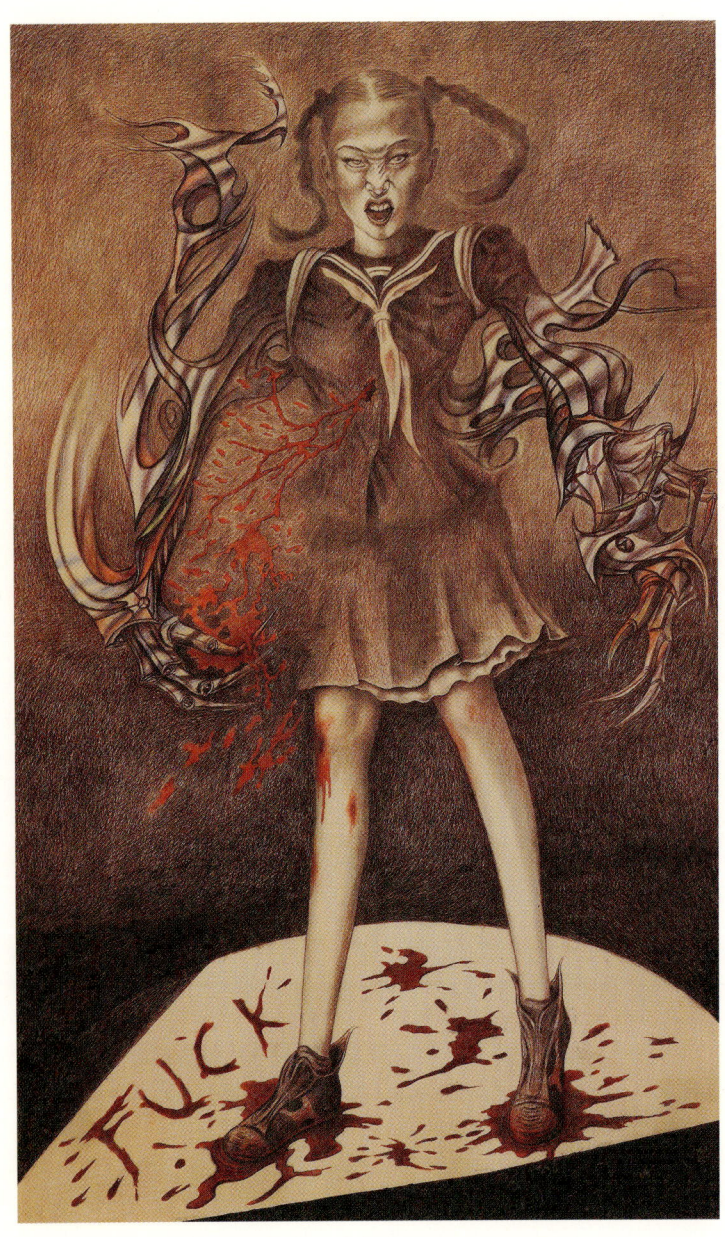

49
김성룡
무제
2003
종이에 혼합재료

미술평론가 고충환은 이 그림을 가리켜 청소년들의 폭력성이 성적 호기심과 밀접한 관련이 있다는 증거라고 주장한다.

　　김성룡의 그림은 인간의 내면에 잠재된 폭력성을 불러일으킨다. 즉 그의 그림은 억압의 저편에서 건져 올린 사이보그의 태를 뒤집어쓴 폭력과 성애를 상기시킨다. 잠재의식 속에 숨어 있어야 마땅할 폭력성을 공공연히 불러오는 그의 그림은 그대로 존재를 송두리째 거부할 만큼 강렬하다. 작가는 사춘기 소녀들의 싸움을 통해 폭력과 성애를 하나의 원천으로 결합시킨다. 성애는 폭력을 부르고 폭력은 성애를 부른다. 성애와 폭력의 공모는 마침내 죽음을 불러들여 억압된 욕망의 프로젝트를, 그 복수극을 완성한다. (…) 소녀의 사이보그 팔은 견디기 힘든 존재의 비실체성을 선명하게 붙잡기 위한 도구이며, 그 희미한 흔적을 붙잡을 수 있는 유일한 무기이다.

　　다음 그림 50도 범죄의 유혹에 이끌리는 사춘기 청소년들의 혼란스런 내면 풍경을 묘사했다.
　　화면에 교복을 입고 책가방을 맨 소년이 등장했다. 소년의 눈빛은 살쾡이의 눈처럼 어둠을 탐색한다. 어둠이 빛을 잠식하는 시간에 소년의 내면에 잠든 야수성은 잠을 깬다. 한줄기 빛이 탐조등처럼 소년의 얼굴을 비춘다. 빛과 그림자는 소년의 얼굴에서 극명하게 양분된다. 이성과 본능이 각자의 영역에서 전투 모드에 돌입한다. 소년 스스로도 자신이 무슨 일을 저지를지 알 수 없다. 그림은 폭력성을 노골적으로 드러내지 않는다. 암시만 하기에 더욱 불온하고 사악한 느낌을 자아낸다.

50
김성룡
소년
2003
유지에 혼합재료

김성룡은 사람들의 눈빛을 빌어 인간의 숨겨진 폭력성을 드러내는 놀라운 재능을 지녔다. 그는 눈의 언어가 지닌 중요성을 이렇게 얘기한다.

나는 그림을 그릴 때 인물의 눈빛과 시선을 표현하는 데 많은 노력을 기울입니다. 그들의 시선은 언제나 저 너머의 어떤 공간을 향합니다. 눈빛은 강해보이지만 말 못할 슬픔이 고여 있습니다. (…) 그 눈빛은 사춘기 소년을 그릴 때 더욱 잘 드러납니다. 그 나이에서만 나타나는 섬약하고 예민한 감각이 화면 안에 긴장되게 흐릅니다. 그들은 도전적이며 때로는 짐승처럼 으르렁거리지만 사회적인 약자입니다.

화가가 선택한 미술재료도 인간의 어두운 속성을 강조하는 데 효과가 있다. 김성룡은 볼펜의 날카로운 선들을 반복적으로 사용한 다음 파스텔, 색연필, 물감 등을 색칠한다. 그가 볼펜이나 색연필을 굳이 고집하는 이유가 있다.

볼펜의 특성은 오랜 노동의 집약으로 인물의 심층부에 파고드는 장점이 있습니다. 화면의 흰 면을 열어젖히고 살의 막을 드러낸다고나 할까요? 유채물감은 형태의 막을 중첩시키며 외벽을 쌓아올립니다. 그 형상은 내면의 깊은 심층보다 형태의 외피를 축조하는데 용이하다는 장점이 있습니다. 볼펜의 선은 그와는 반대로 캔버스와 종이의 면을 파헤치고 외과수술을 합니다. 어쩌면 쓸모없는 노동의 고통인지도 모릅니다. 형상을 재현하는 회화라는 이름 아래, 세계의 지축 위에 빗금을 한 개 그어놓고 사라지는 숙명적인 존재가 바로 화가입니다.

베이컨과 김성룡의 그림에서 드러나듯 인류는 자유와 평등, 인권, 평화가 보장되는 세계를 꿈꾸지만, 불행히도 세상을 지배하는 것은 폭력과 야만이다. 예술가들이 폭력을 작품에 묘사한 것도 그만큼 폭력이 사라진 사회를 갈망한다는 증거이리라.

독일의 철학자 한나 아렌트에 따르면 20세기는 이성의 힘으로 폭력수단을 발전시켜왔지만, 이제는 폭력을 제어하거나 통제할 수 없는 상황에 이르렀다. 인간은 자신이 만든 파괴 수단에 의해 스스로 자멸할 위험에 처했다. 그녀의 주장을 입증이라도 하듯 세상에는 다양한 폭력이 난무한다. 왜 폭력은 근절되기는커녕 더욱 기승을 부리는 것일까?

세계적인 동물행동학자인 데즈먼드 모리스는 인간의 폭력적인 성향을 동물행동학적 관점에서 분석한 흥미로운 가설을 발표했다. 그는 도시인들에게서 나타나는 비인간적이며, 반사회적인 행동이 '동물원'에 갇힌 동물들의 행동과 유사하다는 점에 주목했다.

예를 들면 야생에서의 동물은 생존을 위해 본능과 감각을 최대한 활용한다. 어디에 가면 먹이를 찾을 수 있는지, 몸에 병이 나면 어떤 식물을 먹어야 하는지 본능적으로 알기에 스스로 구하고 치유한다. 그러나 동물원에 갇힌 동물들은 먹이를 구하고, 병을 치유할 필요성을 느끼지 못한다. 자연 상태와는 다른 밀집된 공간에서 그들의 본능은 억압되고, 그 결과 과도한 스트레스를 받게 된다. 그래서 놀랍게도 야생의 동물이 하지 않는 자해행위를 하기도 한다.

생물학적인 관점에서 바라본 현대인은 원시인과 크게 다른 점이 없다. 인간은 문명생활에 적응할 생물학적 메커니즘을 갖추지 못한 상태에서 인구밀도가 높은 대도시에서 살게 되었다. 그러나 비좁고 붐비는 도시생

활은 인간이라는 '종(種)'에게 자연스러운 환경이 아니다. 우리 안에 갇힌 동물로 전락한 도시인들은 폭력적인 성향을 드러내면서 상대방과 자기 자신을 무자비하게 공격한다.

원시인의 동물적인 본능이 현대인에게 유전되어 폭력을 낳는다는 모리스 박사의 파격적인 주장은 도시인들이 왜 휴일이면 야외로 나가고 싶어하는지, 왜 자연풍경을 보면 마음의 위안을 얻게 되는지, 왜 여행을 떠나는지에 대한 해답이 될 수 있다. 바로 인간 동물원에서 벗어나 야생의 상태로 돌아가고 싶은 원초적인 갈망이리라.

모리스 박사의 주장이 설득력을 가졌는지의 여부는 아직까지 확인되지 않았다. 그러나 폭력성을 치유하는 백신은 자연이라는 그의 말을 믿고 싶어진다. 그래야만 폭력으로 고통 받는 인류에게 희망이 생길 테니까.

모델

너는 나를 비추는 거울

나는 처음 모델이 되었던 순간을 기억한다.
나는 '바로 이거야. 바로 이거야.' 라고
주문을 걸듯 되풀이했다.
하루 종일 이 말을 반복하면서도
왜 그런 말을 했는지 스스로도 알 수 없었다.
마침내 나는 내가 어디에서 왔는지 알게 되었고,
모델 일을 그만두는 일은
결코 없을 것이라는 사실을 깨달았다.

_수잔 발라동

19세기 말 20세기 초 파리에 앙브루아즈 볼라르라는 이름의 화상이 살았다. 미술사에서는 그를 '전설적인 화상'이라고 부른다. 화상인 볼라르가 예술가에 버금가는 불후의 명성을 얻게 된 것에는 그럴 만한 사연이 있다. 세잔, 피카소, 보나르, 르누아르, 루오, 뒤피, 샤갈 등과 같은 미술사의 대가들이 경쟁이라도 하듯 볼라르가 모델인 초상화를 수십 점이나 그렸기 때문이다. 얼마나 많은 초상화가 제작되었으면 피카소가 이 행운아에게 다음과 같은 찬사를 바쳤을까?

세상에서 가장 아름다운 여인도 볼라르만큼 자신의 초상화를 많이 갖지는 못했다. 세잔, 르누아르, 보나르와 같은 화가들은 그를 불멸의 존재로 만들었다.

많은 예술가들이 볼라르의 초상화를 그렸지만 그 중에서 르누아르와 세잔, 피카소가 그린 그림이 가장 널리 알려져 있다. 특히 르누아르는 볼라르의 초상화를 여러 점이나 그렸다.

51
피에르 오귀스트 르누아르
볼라르의 초상
1908
캔버스에 유채

앞선 그림⁵¹은 르누아르가 아리스티드 마욜이 제작한 작은 누드조각상을 두 손에 쥔 채 넋을 잃고 바라보는 볼라르의 모습을 그린 것이다. 르누아르는 볼라르가 그림 장사꾼이 아닌 예술을 사랑하는 후원자라는 점을 강조하기 위한 듯 그가 예술작품에 심취한 순간을 그렸다.

평범한 화상인 볼라르는 어떻게 세계적인 예술가의 초상화 모델이 되는 행운을 얻게 되었을까? 미술사의 거장들이 무명화가일 때 그들을 적극적으로 발굴하고 후원한 인연이 있었기 때문이다. 예를 들면 볼라르는 고흐가 세상을 떠난 후 최초로 고흐의 전람회를 개최했고, 현대미술에 결정적인 영향을 끼친 세잔과 피카소, 마티스의 첫 전람회를 열어주는 등 미술사에 지대한 업적을 남겼다. 그뿐만이 아니다. 당시 새내기 화가였던 루소, 보나르, 루오, 르동, 드랭, 블라맹크, 조각가인 마욜의 천재성을 간파하고 예술가들을 적극적으로 지원했다.

볼라르는 흡사 쪽집게 비법을 전수받은 듯 미래의 대가들을 한눈에 알아보는 빼어난 안목을 지녔다. 만일 볼라르가 없었다면 천재들의 작품은 아직도 다락방에서 먼지를 뒤집어 쓴 채 무정한 세월을 원망하고 있었을 것이다.

볼라르는 탁월한 감식안의 소유자이며, 경제적 고통에 시달리는 예술가들의 처지를 진심으로 동정하는 예술지기였다. 그는 되팔 수 없다는 것을 뻔히 알면서도 수집가들이 외면하는 예술가들의 작품을 구매했고, 가난한 예술가들의 빚을 대신 갚아주기도 했다. 조각가 마욜은 "내가 살아갈 수 있도록 후원해준 볼라르에게 감사하다"는 헌사를 바칠 정도였다.

볼라르는 '예술 재테크'에도 뛰어난 수완을 보였다. 그는 동물적인 비즈니스 감각을 발휘해 인상파와 입체파, 야수파 등 전위적인 미술을 영원한 블루칩으로 만드는 데 결정적으로 공헌했다.

어디 그뿐이랴. 볼라르는 그림 장사꾼답지 않게 글재주도 뛰어났다. 미술현장을 마당발로 뛰어다니면서 예술가들을 뒷바라지하고 우정을 나누었던 진기한 체험담과 다양한 에피소드를 담은 책을 출간하기도 했다. 볼라르의 생생한 증언 덕분에 후세인들은 예술가들의 기벽과 사생활, 독특한 제작방식, 창작활동에 따른 고뇌 등을 상세하게 알게 되었다. 특히 세상 사람들의 눈길을 피해 은둔했던 기인 세잔의 일대기를 미술사가들이 완벽하게 재구성할 수 있었던 것도 볼라르가 화가의 전기를 가장 먼저 출간했기 때문이다.

볼라르는 자신의 책에 세잔의 작업실에서 초상화의 모델이 되었을 때의 경험담을 한 편의 드라마처럼 흥미롭게 소개하고 있다. 미술계에 전설처럼 회자되는 에피소드에서 볼라르는 아침 8시부터 12시 30분까지 꼬박 세 시간 반 동안이나 사과처럼 꼼짝하지 않고 앉아 있어야만 했다. 그것도 무려 150번이나.

볼라르의 일화를 통해 알 수 있듯 모델이라는 직업은 겉으로는 매력적으로 보이지만 실제로는 무척 힘든 일이다. 작업에 몰두한 예술가들은 모델에게 까다롭게 굴기 십상이다. 설령 예술가가 모델에게 불편한 자세를 요구하더라도 모델은 불평하지 않고 이를 받아들여야 한다. 더구나 대다수의 예술가들은 경제적으로 궁핍하기에 작업실은 낡고, 춥고, 덥기 마련이다. 모델은 이중, 삼중의 고통을 겪게 된다. 초상화의 모델이 되는 것이 얼마나 힘든 일인지는 모델들의 경험담에서도 확인할 수 있다.

마담 X 스캔들

직업모델이 아닌 사람들도 기꺼이 초상화의 모델을 자청한다. 하지만 자신의 모습이 예술작품이 되었다고 마냥 좋아할 일만은 아니다. 초상화의 모델이 되었다는 이유만으로 사회적 평판이 나빠지고 물의를 일으켜 곤욕을 치르는 경우도 종종 생기니까. 그 대표적인 사례가 19세기 말 유럽의 인기 초상화가였던 존 싱어 서전트(John Singer Sagent)와 모델인 버지니아 아베뇨가 일으켰던 초대형 스캔들이다.

초상화의 모델인 버지니아 아베뇨는 미국 뉴올리언스 출신이었는데 프랑스 은행가인 피에르 고트로와 결혼한 후 파리에서 살았다. 그녀는 얼마나 빼어난 미모를 지녔던지 절세미인들을 젖히고 파리 사교계의 스타로 등극했다. 서전트도 그녀의 아름다운 용모에 반한 열혈팬 중의 하나였다. 아름다운 상류층 여성의 초상화를 우아하고 화려하게 묘사한 화가로 명성을 떨쳤던 서전트는 아베뇨의 미모를 초상화에 재현하고 싶어 안달이 났다. 그러나 도도하기로 소문난 아베뇨는 화가의 요청을 쉽게 받아들이지 않았다. 화가는 미녀에게 애걸하다시피 간청해 겨우 그녀의 승낙을 받아냈다.

화가가 콧대 높은 미녀 아베뇨에게 모델이 되어줄 것을 간청한 것은 그녀의 빼어난 미모가 창작혼을 자극했기 때문이다. 서전트가 그린 아베뇨의 초상화를 보면 그녀의 미모를 실감할 수 있다.

서전트는 아베뇨의 옆모습을 그렸다.[52] 측면초상은 모델이 실재하는 사람이기보다 신성한 존재로 돋보이게 하는 효과가 있었다. 그런 장점을 잘 알고 있었던 예술가들은 모델을 이상적으로 표현하고 싶을 때, 혹은 모델의 지위나 신분을 강조하고 싶을 때 측면초상을 선택했다. 서전트는

52
존 싱어 서전트
마담 X
1883
캔버스에 유채

측면초상이 갖는 효과를 아베뇨의 도도한 아름다움과 절묘하게 결합했다. 아베뇨는 관람객을 외면한 채 거만한 표정을 지으면서 상념에 잠겨 있다. 천하의 카사노바인들 저 냉정한 미녀에게 감히 접근해 말을 걸고 치근덕거릴 용기를 낼 수 없으리라.

서전트는 얼음처럼 싸늘한 모델의 아름다움을 부각시키기 위한 의도에서 그녀를 그리스 신화에 나오는 달의 여신 다이아나로 연출했다. 아베뇨는 초승달 형태의 다이아몬드가 새겨진 장신구를 왕관처럼 머리에 썼다. 이는 달의 여신처럼 신비하고 도도한 미녀라는 뜻이다. 아울러 화가는 모델의 차가운 아름다움을 여성 특유의 연약함에 접목시켰다.

아베뇨는 아름다움을 과시하면서도 내심 불안감을 감추지 못한다. 그녀의 오른팔과 뒷목의 근육이 팽팽하게 긴장되었다. 남자의 침범을 거부하면서도 안아주고 싶은 마음이 들게 하는 교묘한 전략이다. 이제 미녀 초상화의 대가인 서전트가 아베뇨를 모델로 쓰고 싶어 조바심을 냈던 이유가 밝혀졌다. 이 새침데기 미녀는 다른 모델에서 찾을 수 없는 고품격 섹시함을 지녔던 것이다.

서전트는 자신의 야심작을 1884년 살롱전에 출품했다. 화가는 모델의 이름을 밝히고 싶지 않았던듯 〈마담 X〉라는 제목을 붙였다. 그런데 초상화가 전시되기가 무섭게 관람객들이 비난을 퍼부었다. 이유인즉 그림이 너무 야하다는 것.

관람객들은 왜 초상화를 선정적이라고 흉보았을까? 지금 보는 초상화는 원래 초상화가 아니다. 처음 전시되었을 때는 보석으로 장식된 여자의 드레스 어깨끈이 팔 아래로 내려간 상태였다. 그 바람에 관람객들은 큰 충격을 받았다. 마치 남자가 여자의 드레스를 벗기려는 듯한, 혹은 여자가 남자를 유혹하기 위해 드레스를 벗는 듯한 느낌을 받았기 때문이다.

초상화는 관람객들에게 여체를 벗기고, 훔쳐보고 싶은 음란한 상상을 하도록 만들었다. 파리 시민들은 초상화를 보면서 모델과 화가 사이를 당연히 의심했다. 그 시절 대다수의 사람들은 여성모델이 남성화가 앞에서 옷을 벗었다면 필경 화가와 특별한 관계를 가졌을 것이라는 편견을 가지고 있었다. 차마 눈뜨고 볼 수 없는 민망한 그림이라는 악소문이 퍼지면서 모델인 아베뇨는 사교계에 얼굴을 내밀 수 없는 처지가 되었다.

가문에 대한 자부심이 유독 강했던 그녀의 남편은 불같이 화를 냈고, 아베뇨의 친정엄마는 가문의 수치라면서 딸을 야단쳤다. 귀부인을 모독하는 그림이라는 여론은 서전트를 곤경에 빠뜨렸다.

사람들의 입방아를 견디다 못한 화가는 그림을 수정해 문제의 어깨끈을 새롭게 추가했다. 수정작업을 했는데도 스캔들은 좀처럼 가라앉지 않았다. 자존심이 크게 상한 서전트는 도망치듯 파리를 떠나 영국으로 건너갔고, 두 번 다시 파리로 돌아오지 않았다.

최초의 수퍼모델 탄생하다

모델의 미모가 예술작품에 커다란 영향을 끼치는 사례는 이 외에도 많다.

예술가들은 본능적으로 예술적 영감을 자극하는 모델을 찾기 마련이다. 이른바 화가와 궁합이 잘맞는 모델을 말하는데, 마네에게 빅토린 뫼랑, 로트레크에게 잔 아브릴, 보나르에게 마르트, 로제티에게 제인, 샤갈에게 벨라, 달리에게 갈랴가 천생연분에 해당되는 모델이었다. 이 중 19세기 영국화가 단테 가브리엘 로제티(Dante Gabriel Rossetti)의 전속모델이었던 제인 모리스는 예술혼을 자극하는 모델의 전형으로 손꼽힌다.

미국 예술사가인 데브라 멘코프는 제인을 가리켜 절세미인들 중의 여왕, 최초의 슈퍼모델이라고 극찬했을 정도다. 그럼 로제티가 그린 제인의 초상화를 감상하면서 그녀가 슈퍼모델의 원조가 된 사연을 추적해보자.

로제티의 초상화[53]에 나온 제인은 인형 같은 미모가 아닌 개성적인 아름다움을 지녔다. 가녀린 몸매, 긴 목덜미를 장식한 풍성한 머리카락, 꿈꾸는 듯한 눈동자, 고혹적인 입술은 세기말적 우수와 나른한 분위기를 자아낸다. 제인은 다른 모델에게서는 찾을 수 없는 이국적이고 신비한 분위기로 영국에서 가장 진보적인 예술가들이 결성한 라파엘전파의 뮤즈가 되었다.

가난한 마부의 딸 제인을 라파엘전파의 여신으로 만든 일등공신은 화가 로제티였다. 당시 영국에서 가장 유명한 화가였던 로제티는 제인을 길거리에서 캐스팅했다. 화가는 요즈음 영화감독이나 광고감독들이 일반인을 모델로 전격 발탁하는 방식으로 모델을 구하곤 했다.

화가는 자신의 진보적인 예술관을 구현할 수 있는 개성적이면서 참신한 모델을 찾고 있던 중이었다. 그는 우연히 극장에서 제인을 보게 되었고, 그녀의 독특한 아름다움에 매혹되어 모델이 되어줄 것을 요청했다. 키가 크고 팔다리가 긴 제인의 몸매와 각진 선으로 구성된 세련된 얼굴은 새로운 미의 이상을 추구하던 로제티의 예술관에 더할 수 없이 부합했다.

제인의 신비한 아름다움에 홀딱 반한 로제티는 그녀를 전속모델로 삼았고 평생토록 제인의 초상화를 그렸다. 로제티가 제인의 모습을 화폭에 옮기는 과정에서 화가와 모델은 운명적으로 사랑을 느끼게 되었다. 로제티가 쓴 시에서 당시 두 사람의 관계가 얼마나 깊었는지 짐작할 수 있다.

53
가브리엘 로제티
몽상(좌)
1868
종이에 분필
제인 버든 실제 사진(우)

당신이 어떤 여자인지 세상 사람들이 모두 알 수 있도록 내가 당신의 진실한 모습을 그렸다는 것을 확신할 수 있다면 얼마나 좋을까?

'사랑의 화가'로 불리던 로제티가 제인을 예술의 뮤즈로 찬미한 덕분에 그녀는 라파엘전파의 아이콘이 되었다. 놀라운 것은 라파엘전파 예술가들이 당시 표준적인 미인관에 위배되는 제인의 미모를 세상에서 가장 아름답다고 평가한 점이다. 로제티의 시절에는 자그마한 체구에 하얀 피부, 푸른 눈동자, 금발인 여자가 최고의 미녀로 인정받았다. 그러나 제인은 키가 크고 골격이 강한데다 피부는 검은 편이고, 눈은 진한 회색빛에 머리카락도 검정색이었다. 게다가 좁은 이마와 숱 많은 까만 눈썹에, 이목구비의 선이 너무 강해 팔자가 드센 인상을 풍겼다. 이상적인 미녀의 잣대인 황금율을 제인의 얼굴에 적용하면 전혀 맞지 않았다. 그런데도 로제티를 비롯한 라파엘전파 화가들은 제인의 미모에 열광했다. 제인의 강한 개성미와 시대를 앞선 세련미가 예술가들의 창작혼을 자극했기 때문이다.[54]

제인은 21세기에 유행할 아름다움을 19세기 말에 지니고 태어났다. 로제티는 인형 같은 미모보다 개성적인 미인이 사랑받는 시대가 온다는 것을 직감적으로 간파한 셈이다. 그래서 그는 초상화를 통해 제인을 불멸의 존재로 만든 것이다.

평범한 모델에서 라파엘전파의 여신으로 지위가 급상승한 제인은 예술가보다 더한 유명세를 떨쳤다. 미국의 비평가 헨리 제임스는 살아 있는 여신을 직접 만나게 된 행운에 감격한 나머지 누이에게 다음과 같은 편지를 보냈다.

54
가브리엘 로제티
아스타르테 시리아카
1877
캔버스에 유채

관자놀이 양쪽에 풍성하게 물결치면서 부풀어 오른 검정색 머리카락, 갸름하고 창백한 얼굴, 슬픔이 아로새겨진 검은 두 눈, 머리카락 아래 감춰져 있다가 중간에서 서로 만나는 숱 많은 까만 눈썹, 이국적인 구슬로 장식한 목걸이로 여러 번씩 감은 기다란 목.

영국의 극작가 오스카 와일드는 로제티가 제인의 초상화로 유럽 대중들의 미인 취향을 결정하는 데 커다란 기여를 했다고 평가했다.

근래 미술전람회에 가면 그곳에서 로제티가 그토록 열렬히 사랑했던 여인을 보게 된다. 꿈꾸는 듯한 신비로운 눈, 기다란 상아색 목, 날카롭게 각진 턱, 느슨하게 흐트러진 머리카락을 지닌 여인을. 로제티는 낯설면서 매혹적인 미의 유형을 창조했다.

모델에서 예술가로

다음은 미술사에 특별한 사례를 제공했던 초상화의 모델을 소개한다.

모델의 이름은 수잔 발라동(Suzanne Valadon). 그녀는 19세기 말 파리에서 가장 유명한 직업모델이었다. 수잔을 모델로 발탁한 사람은 상징주의 화가 샤반이었다. 화가는 수잔이 십대 소녀일 때, 세탁부인 그녀의 미모에 반해 모델로 삼았다. 샤반에 이어 르누아르, 로트렉, 드가 등 인상파 화가들이 앞 다투어 수잔의 초상화를 그렸다. 하지만 수잔은 위대한 예술가들의 모델이었다는 사실로 인해 미술사에 이름을 남긴 것이 아니다.

그녀는 유명 모델이 예술가로 변신한 최초의 사례였다. 즉 수잔은 그려지는 대상에서 그리는 주체, 즉 창작자로 자신의 역할을 바꾸었다. 당시에는 너무도 놀라운 일이었다. 수잔의 자화상을 보면서 모델인 그녀가 화가의 길을 선택했던 과정을 추적해보자.

화면에 나타난 벌거벗은 상체를 드러낸 여자가 수잔이다.[55] 여자는 쓸쓸하지만 단호한 표정을 지은 채 관람객을 응시한다. 그녀는 젊지도, 예쁘지도 않다. 얼굴의 윤곽선은 허물어졌고 가슴도 축 쳐져 있다. 그런데도 여자는 자신의 늙은 모습을 감추지 않고 솔직하게 그림에 표현했다. 이런 수잔의 대담한 표현방식은 미술의 관습을 파괴하고 전통을 전복하는 불온한 짓이다. 왜냐하면 당시 대다수의 여성누드화는 남성의 성적욕구를 자극하는 역할을 했기 때문이다.

미술사가인 존 버거가 밝혔듯 당시 여성은 누드를 그리는 주체가 될 수 없었으며 단지 그려지는 대상에 불과했다. 화가들은 누드화의 관습에 따라 여성 모델에게 수동적인 자세를 취하도록 요구했다. 누드화에 나온 대부분의 여성들이 잠들거나 관객의 눈길을 피하거나, 감상자에게 추파를 던지는 모습으로 그려진 것도 누드화를 보는 남성의 눈길을 의식해서였다.

그러나 수잔의 자화상은 남성의 관음증에 찬물을 끼얹는다. 이것은 무엇을 뜻할까? 그림 속의 여체는 남성의 성욕의 대상이 아닌, 수잔의 것이라는 자각이요, 폭탄선언이 아닌가? 유명 모델 출신인 여자가 스스로 화가가 되었다는 사실만으로도 스캔들을 일으키기에 충분한데 그녀는 대담하게도 여성화가에게 금기인 누드화에 도전했다. 그녀는 벌거벗은 몸을 그린 여성화가라는 비난에도 불구하고 여전사처럼 당당하게 자신의 나체를 응시하고 있다. 미술계의 여전사가 될 수 있었던 그녀의 용기는 과연 어디에서 나왔을까?

55
수잔 발라동
자화상
1931
캔버스에 유채

수잔이 모델에서 화가로 변신하기까지의 과정을 추적하면 해답을 얻을 수 있다. 수잔은 모델 일을 하면서 자신의 내면에 그림을 그리고 싶은 욕망이 꿈틀댄다는 것을 깨닫게 되었다. 잠재된 욕구를 발견한 수잔은 화가들이 작업하는 모습을 눈여겨보면서 화면을 구성하고 기법을 구사하는 방법들을 머릿속에 갈무리해 두었다. 그리고 틈나는 대로 남몰래 그림을 그렸다. 몽마르트의 화가로 불리던 로트레크는 수잔의 재능을 가장 먼저 간파하고 화가의 길을 가라고 조언한 예술가였다.

하지만 로트레크는 그녀의 미술선생이 될 자격을 잃었다. 그는 아름다운 수잔을 모델이 아닌 여성으로 사랑하고 있었다. 때맞춰 여성과 스캔들을 일으킨 적이 없었던 드가가 수잔의 예술선생을 자처하고 나섰다. 드가는 모델인 수잔이 예술적 재능을 지녔다는 사실에 감격한 나머지 인상주의와 상징주의 전시회에 그녀가 그림을 출품할 수 있도록 발 벗고 나서 도와주었다. 마침내 수잔은 1895년, 볼라르의 화랑에서 12점의 누드 동판화를 전시하는 어엿한 화가로 대변신했다.

수잔이 여성화가에게 금기였던 누드화를 그림의 주제로 삼은 것은 크게 두 가지 이유에서였다. 누드화는 모델 출신인 그녀에게 가장 친근하고 익숙한 주제인데다 그녀를 그렸고, 그녀를 사랑했고, 우정을 나누었던 화가들이 누드화의 대가들이었기 때문이다.

수잔은 모델출신의 아마추어 화가, 혹은 모델이 예술가의 영역을 넘본다는 비웃음을 받고 싶지 않았던가. 프로화가보다 더 프로다운 열정으로 예술가의 길을 걸어갔다.

모델에서 예술가로 변신한 수잔의 변신은 값진 보상을 받았다. 1917년, 베른하임 죈느 화랑에서 화가인 아들 위트릴로와 역시 화가인 남편 위테르와 함께 가족 3인전을 개최해 미술계의 호평을 받았다. 그녀의 그림은 수집가들의 눈길도 끌었다. 마침내 그녀는 남성누드를 그린 최초의 여성 미술가로 미술사에 등재되는 영광을 누리게 되었다.

현재 수잔 발라동의 그림은 프랑스 국립현대미술관을 비롯한 독일, 미국 미술관들의 소장품이 되었고, 많은 관람객들의 사랑을 받고 있다. 보다 큰 명예는 피카소, 브라크, 드랭과 같은 미술사의 대가들이 묻힌 몽마르트의 생 피에르 성당 공동묘지에 그녀도 함께 묻혔다는 사실이다.

모델이던 여성이 밥벌이를 버리고 예술가의 길을 가는 것은 말처럼 쉬운 일은 아니었다. 남다른 열정과 의지, 배짱, 엄청난 용기가 있었기에 가능했다.

수잔은 매순간 화가로 성공할 수 있다는 자기암시를 하면서 예술가에게 통과의례와도 같은 고난과 역경을 극복했다. 그런 그녀의 자신감을 다음 그림[56]에서 확인할 수 있다.

수잔은 속옷차림으로 소파에 비스듬히 누워 담배를 피운다. 그녀는 다른 사람의 눈길을 전혀 의식하지 않는다. 중년여자들이 집안에서 편하게 입는 속옷차림으로 소파에 누워 스스럼없이 담배를 피우고 있으니 말이다. 수잔은 젊음이 사라진, 뚱뚱해진, 품행이 불량한 자신의 모습을 정직하게 그림에 묘사했다. 그림에서 드러난 자유분방함과 솔직함은 그녀의 남다른 기질과 사생활을 반영한다. 수잔은 열여덟 살에 훗날 세계적인 화가가 된 위트릴로를 사생아로 낳을 만큼 성적자유를 구가했다.

그녀는 정숙하고 순종적인 여성상과는 거리가 멀었다. 툭하면 자신을 그리던 예술가들과 떠들썩한 연애행각을 벌이곤 했다. 세인들의 입방아에 오른 대표적인 연애행각은 음악가 에릭 사티와의 동거였다. 사랑의

56
수잔 발라동
푸른 방
1923
캔버스에 유채

주도권을 쥔 수잔은 3개월간의 동거생활이 끝나기가 무섭게 다른 남자와 연애에 빠졌지만 사티는 실연의 상처를 극복하지 못하고 그녀를 그리워했다. 연애의 달인 수잔은 1908년 마흔세 살 때 은행가 폴 무시와 이혼하고 무려 스물한 살이나 연하인 화가 앙드레 위테르와 보란듯 결혼식을 올려 미술계를 떠들썩하게 만들었다. 수잔의 새 남편은 그녀의 아들 위트릴로보다 세 살이나 나이가 적었으니 말이다.

수잔은 윤리도덕과 인습에 도전하면서 예술가의 삶을 살았다. 여성이라는 굴레를 의식하지 않고 남성화가들과 당당하게 경쟁하면서 모델로도, 화가로도 성공했다. 이런 그녀의 자의식을 상징하는 것은 흡연이다. 수잔은 담배를 피운다는 사실을 숨기지 않고 자화상에 솔직하게 표현했다. 이런 수잔의 대담한 행동은 일반인들의 눈에는 가부장적 도덕관을 전복하는 도발이며 불경으로 비칠 수 있었다. 수잔의 시절 여성흡연자는 위험하고 타락한 여성으로 매도당했고, 남성예술가들마저 흡연여성을 부도덕한 여자로 묘사했기 때문이다.

그녀는 자신은 가부장적 사회가 요구하는 순종적인 여자가 아닌, 독립적이면서 해방된 여성임을 알리기 위해 흡연하는 모습의 자화상을 그린 것이다. 수잔은 사랑에 모든 것을 다 거는 대다수의 여성들과 달리 연애와 예술을 착각하지도, 혼동하지도 않았다. 단 한 번도 예술가의 길을 포기할 생각을 하지 않았기에 이렇게 당당하게 말할 수 있었다.

내게는 위대한 스승들이 있었다. 나는 예술가들의 강의를 듣고, 작업 과정을 보면서 내게 필요한 최상의 것들을 얻어냈다. 나는 내 자신을 발견했고, 내 자신을 만들었으며, 내가 말해야 하는 것들을 말했다.

모델에 얽힌 다양한 일화를 통해 확인했듯, 모델은 예술가에게 매우 중요한 존재다. 만일 모델이 없었다면 세계적인 미술관에 걸린 초상화는 창조되지 않았을 테니까.

그런 의미에서 초상화의 모델은 예술가의 영적 동반자에 비유할 수 있겠다. 모델은 예술적 영감을 자극하고, 육체와 정신의 아름다움을 예술로 표현하게 해주는 뮤즈다. 예술가의 손길에 의해 모델은 불멸의 존재가 된다. 그리고 그 예술가를 불멸의 존재로 만드는 사람은 바로 모델이다.

미술계에 널리 알려진 말이 있다. 예술가는 모델의 모습을 빌어 자신을 표현한다는. 모델에게 자신을 투영시켜 참된 나를 찾아간다는 말 속에는 깊은 의미가 담겨 있다. 네가 나를 비추어주는 거울이듯 나 역시 너를 비추어주는 거울이 된다는 뜻이니까.

모델이란 단어에도 본보기가 되는 대상이나 모범이라는 의미가 들어 있다. 비단 초상화의 모델뿐 아니라 평범한 사람들도 누군가의 본보기가 된다는 이야기다. 그렇다면 모델의 의미가 좀 더 명확해졌다. 내가 너를 비춰보는 거울이 될 수 있도록 나의 몸과 마음을 맑게 닦으라는 뜻인 것이다.

죽음

살아 있음을 깨닫게 하는 힘

네게 아무도 모르는 비밀 한 가지를 얘기해줄까?
신은 인간을 질투해.
왜냐하면 인간은 언젠가는 죽을 운명이거든.
인간은 늘 마지막인 것처럼 삶을 살아가고 있어.
그래서 인생이 아름다운 거야.
너는 지금이 가장 아름다워.
지금 이 순간은 두 번 다시 돌아오지 않으니까.

−영화 〈트로이〉 중에서 아킬레스가 브리세이스에게 한 말

역사상 최초의 서사시 〈길가메시〉는 인류의 걸작이라는 평가를 받고 있다. 인간에게 숙명과도 같은 삶과 죽음의 의미에 대해 근원적인 질문을 던지기 때문이다.

글의 주인공은 기원전 3000년 경, 고대 메소포타미아를 통치했던 수메르 왕조의 전설적인 왕 길가메시다. 길가메시는 사랑하던 친구 엔키두가 갑자기 세상을 떠나자 실의에 빠진다. 그는 친구를 애도하는 한편으로 죽음에 대한 공포를 느낀다. 왕은 영원히 살 수 있는 방법을 찾기 위해, 불멸의 존재가 되었다고 전해지는 우트나피슈팀을 만나러 간다. 길가메시는 험난한 여정 끝에 가까스로 우트나피슈팀과 만나게 되었고, 불사의 존재인 그에게 죽지 않고 영생할 수 있는 비결을 가르쳐 달라고 한다. 그런데 우트나피슈팀은 너무도 뜻밖의 말을 했다. 인간에게 죽음이란 잠처럼 필요한 것이라는. 그리고 길가메시에게 6일 낮, 7일 밤 동안 잠자지 않고 깨어 있을 수 있는지에 대해 물었다. 가능하다고 대답한 길가메시는 잠들지 않으려고 갖은 애를 썼지만 어쩔 수 없이 잠에 빠져들고 말았다.

길가메시 전설은 인간은 숙명적으로 죽음을 피할 수 없는 존재이며, 죽

57
안토니오 데 페레다
바니타스 정물
1650년경

음이란 영원한 잠이라는 진리를 깨닫게 해준다. 자, 예술가들은 인간에게 운명적인 죽음을 어떻게 미술에 표현했을까?

모든 것이 헛되다

탁자 위에는 이빨이 달린 두개골이 놓여 있다. 해골 주변에는 플루트, 악보, 술병, 유리컵 등 다양한 물건들이 배치되어있다.⁵⁷ 화면 왼쪽에는 도화선을 타고 불이 타들어가고 배경에는 비눗방울이 허공을 떠돈다. 일상에서 흔히 볼 수 있는 사물을 묘사한 정물화에서 유독 눈길을 끄는 것은 해골이다. 화가는 왜 정물화에 흉측한 해골을 그려넣었을까?

그림은 전형적인 '바니타스화'이다. 바니타스(vanitas)란 덧없음을 뜻하는 라틴어로, 어원은 《구약성서》 전도서 1장 1절에 나오는 "헛되고 헛되다 모든 것이 헛되도다"라는 유명한 구절에서 유래한다. 미술에서는 인생무상과 삶의 허무함을 상징하는 교훈적인 그림을 가리켜 '바니타스화'라고 부른다.

바니타스 그림에는 해골, 값비싼 물건, 꺼진 촛불, 책, 악기, 모래시계 등과 같은 생명이 없는 물건들과 꽃이나 과일처럼 서서히 죽어가는 자연물이 단골 소재로 등장한다. 이런 정물들은 세속적인 쾌락과 물질의 허망함을 말해주는 동시에 인간이 욕망하는 것들은 순식간에 사라진다는 것을 보여준다. 화가들은 바니타스 그림을 통해 삶의 유한함과 죽음의 불가피성, 쾌락의 덧없음, 소유의 부질없음을 사람들에게 전달했다.

바니타스 정물화는 17세기 유럽에서 크게 유행했는데, 당시 이런 그림들이 유독 많이 그려진 것에는 그럴 만한 까닭이 있다. 30년 전쟁과 죽음의 병으로 불리는 페스트가 유럽 전역에 맹위를 떨치면서 수많은 사람들이 목숨을 잃었기 때문이다. 도처에서 주검을 목격한 사람들은 불안과 공포에 떨었고, 죽음의 의미에 대해 심각하게 생각하게 되었다. 하지만 바니타스 그림이 그려진 진정한 의미는 사람들을 절망에 빠뜨리고 삶의 의욕을 빼앗는 데 있지 않았다. 성자 히에로니무스가 "언제나 죽음을 생각하는 사람은 모든 세속적인 욕망을 경멸할 수 있다"라고 말한 바를 실천하는 삶에 있었다.

인간은 죽음을 피할 수 없다고 인정하는 순간 삶이 얼마나 소중한지 깨닫게 된다. 바니타스 그림은 사람들에게 스스로 성찰하게 하고, 삶에 대한 용기를 주고, 살아 있는 순간이 가장 행복하다는 교훈을 준다.

바니타스 그림에서 나타나듯 화가들에게 있어 죽음이란 미술의 영원한 주제였다. 프랑스 낭만주의 화가 테오도르 제리코(Jean Louis Andre Theodore Gericault)도 짧은 생을 살면서 죽음이라는 주제에 몰두했다.

화가는 인생에 교훈을 주는 바니타스 그림과는 다른 방식으로 죽음과 대면했다. 죽음의 의미를 정물에 비유해서 표현하는 대신 관람자가 죽음이라는 현상을 직접 목격하도록 했다. 다음 그림[58]은 죽음을 은유가 아닌 직접적으로 표현한 것이다.

화가는 인간의 잘린 머리를 마치 정물화에 나온 소재인양 화면에 배치했다. 특히 잘린 머리를 하얀 천으로 감싸 섬뜩한 공포 분위기를 조성했다. 그가 두 남녀의 머리를 얼마나 실감나게 묘사했던지 시신에서 살이 썩는 냄새, 피가 흥건히 베인 천에서 풍겨 나오는 역겨운 피 냄새를 맡을 수 있을 정도다.

미술에서 주검을 묘사하는 그림들은 많았지만 제리코처럼 시신이 부패하는 과정을, 시체 안치소의 소름끼치는 분위기를 이토록 생생하게 표

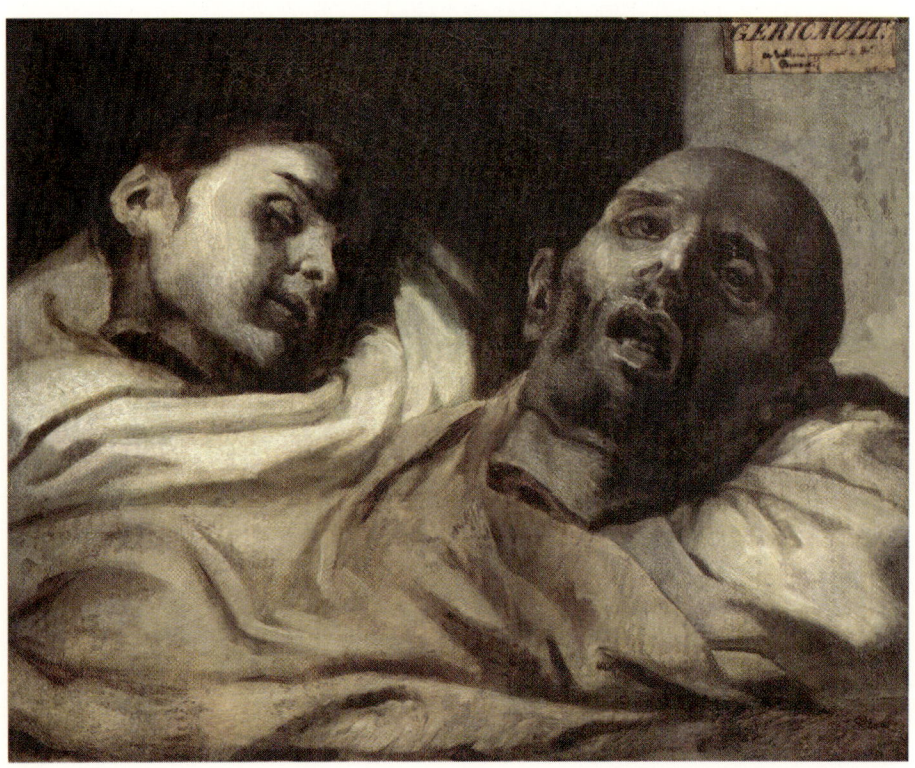

58
테오도르 제리코
절단된 두상
1818
캔버스에 유채

현한 그림은 찾아보기 힘들다. 제리코는 절단된 시신의 머리를 냉정하게 관찰하고 잔인할 정도로 사실적으로 묘사했다. 죽음에 대한 공포나 혐오감을 표현하는 대신 부패한 고기로서의 인간, 해골이 될 운명을 지닌 육체를 충격적인 방식으로 화면에 제시했다. 그것도 절단된 시신이 주제인 그림을 수차례나 그렸다.

화가는 왜 이처럼 끔찍한 방식으로 죽음을 묘사했을까? 그는 프랑스 공포시대 단두대에서 희생자들의 목을 잔인하게 잘랐던, 소름끼치는 절단에 대한 기억을 마음속에 간직하고 있었다. 인간의 야만성과 육체의 연약함, 살육의 처참함은 낭만주의 화가였던 제리코에게 지울 수 없는 흔적을 남겼다. 그는 폭발하는 감정을 중시하는 낭만주의자답게 살벌한 죽음의 현장을 극적인 방식으로 화폭에 재현한 것이다.

미국의 미술사학자인 린다 노클린은 제리코의 그림이 갖는 미술사적 의미를 다음과 같이 평가한다.

프랑스 대혁명 이후 세대의 미술가 중에서 제리코는 절단되거나 부상당한 남성의 인체 표현에서 상징적으로 나타나는 거세에 대한 주제를 가장 격렬하게 화폭에 실험한 화가였다. 프랑스 혁명기의 공포와 단두대의 악몽에 관한 기억을 떠올리지 않고 제리코가 묘사한 충격적인 이미지를 이해하기란 불가능하다.

다음 작품[59]도 절단된 신체를 통해 죽음의 의미를 파헤친 것이다.

죽은 남자의 토막 난 팔다리가 정물인양 화면에 배치되었다. 시신은 아직 부패하지 않았다. 잘린 팔다리에서 젊고 건강한 남자의 체취가 느

59
테오도르 제리코
절단된 사지
1818
캔버스에 유채

꺼질 정도다. 한때는 힘차게 땅을 밟았고, 사랑하는 사람을 다정하게 어루만졌을 남자의 건장한 팔다리. 그러나 지금은 한낱 푸줏간의 고깃덩어리로 전락했다. 한 줄기 빛이 시신의 팔다리를 비춘다. 죽음이란 영혼이 아닌 육체의 소멸이라는 느낌을 강하게 풍기는 그림이다.

화가는 주검을 실감나게 묘사하기 위해 상상을 초월한 노력을 기울였다. 외과수술을 받은 환자의 절단된 사지와 신체부위가 썩어가는 과정을 세심하게 관찰했다. 작업실 맞은편에 위치한 보종 병원 영안실을 자주 찾아가 주검을 관찰하고 습작했다. 시체 공시소와 사형집행장에 입회해 시신을 보았고, 단두대에서 잘린 처형자의 머리와 팔다리를 작업실로 가져와 살이 썩어가는 과정을 직접 지켜보았다. 화가이기보다 해부학자, 혹은 임상학자의 눈으로 시신을 관찰하고 경험한 모든 것을 이 그림에 표현한 것이다.

린다 노클린은 제리코의 그림을 가리켜 과학적 객관성과 낭만적 드라마가 결합된 경이로운 작품이라고 극찬했다.

절단된 신체를 해부학적으로 묘사한 제리코의 그림에서 인체의 긴밀한 연결은 완전히 파괴되었다. 이리저리 흩어진 시체 조각들은 어두운 그림자로 인해 서로 극적으로 고립되었고 공포감을 불러일으키지만 우아한 배치에 의해 다시금 연결된다. 신체 조각들을 육감적이면서 정확하게 보여준다. 시신에 촛불 같은 빛이 강하게 비치면서 미적인 느낌은 더욱 강렬해진다. 이 그림은 해부용 수술대를 주시하는 냉정한 임상학적 관찰인 과학의 객관성과 강렬한 낭만적 멜로드라마를 놀랄 정도로 완벽하게 결합했다.

죽음을 화폭에 담다

벨기에 출신의 화가 제임스 앙소르(James Ensor)도 평생 죽음이라는 주제에 집착했다. 화면에 해골과 죽음의 신, 가면을 쓴 사람들이 등장했다.[60] 하얀 수의를 입은 해골은 파안대소하고, 해골의 양 옆에는 다양한 가면들이 조롱하고 비웃고 찡그리고 노래를 부르는 등 갖가지 표정을 짓는다. 하늘로 눈길을 돌리면 낫을 든 해골이 비행기구에 탄 사람들을 살해하려고 달려가는 모습이 보인다.

해골과 가면들이 집단 초상화의 모델로 등장한 이 그림은 한눈에 보아도 괴기하고 섬뜩하다. 화가는 왜 흉측한 해골과 가면을 그림에 묘사했을까? 앙소르가 자란 환경과 예술가적인 기질, 내성적인 성격에서 그 원인을 찾을 수 있다.

먼저 해골. 스위스 미술사학자인 울리케 베크스 말로르니에 따르면 화가에게 해골은 일상이었다. 앙소르는 벨기에 북해 연안에 위치한 휴양지 오스텐데에서 태어나고 자랐다. 오스텐데 사람들에게는 시신의 두개골이나 뼈를 목격하는 일이 끔찍한 사건이 아닌 일상이었다. 17세기 초 스페인 군대가 이곳을 점령했을 때 수많은 사람들이 목숨을 잃었는데, 시가지를 개발할 때마다 땅 속에 묻힌 해골들이 세상 밖으로 형체를 드러냈기 때문이다.

앙소르도 시신을 발굴하는 광경을 자주 목격하곤 했다. 그가 어렸을 적에는 몰살당한 시체 수백 구를 발굴하는 현장을 목격한 적도 있었다. 어린 앙소르는 어른들이 주검을 겁내지 않고 태연하게 다루는 모습에 충격을 받았다. 해골은 산자에게 두려움의 대상이 아니었다. 죽음은 살아 있는 사람들의 일상이었다. 해골은 멀리하기엔 너무도 가까운 존재였다.

60
제임스 앙소르
죽음의 신과 가면들
1897
목판에 유채

다음은 가면. 화가의 고향인 오스텐데는 평소에는 조용한 항구마을이었지만 여름이면 유명 해수욕장으로 깜짝 변신하곤 했다. 유럽 최고의 휴양지라는 입소문이 나면서 벨기에 왕족뿐만 아니라 유럽의 상류층이 즐겨 찾는 명소가 되었다. 화가의 어머니는 해변에서 상점을 운영했고, 그곳에서 갖가지 신기한 물건과 장난감, 축제 의상, 기념품, 골동품, 가면들을 팔았다. 어머니의 가게에서 보았던 다양한 가면들은 앙소르의 기억에 강렬한 인상을 남겼다. 또한 축제를 즐겼던 벨기에 사람들에게 가면은 친숙하고 흥미로운 일상용품이었다. 카니발 기간이면 오스텐데 시내 거리는 변장을 하거나 가면을 쓴 사람들로 넘쳐났다. 가면은 화가에게 신선한 자극과 색다른 세계를 경험할 수 있게 해주는 추억의 산물이었다.

그러나 그의 그림에 나오는 가면들은 흥겨운 축제 분위기에 찬물을 끼얹는다. 가면들은 인간을 조롱하고, 기분 나쁘게 웃고, 음산하게 노려보는 등 공포의 감정을 불러일으킨다. 앙소르가 보기만 해도 기분이 섬뜩해지는 가면들을 그린 것은 인간의 추악한 심성을 가면을 통해 드러내기 위해서였다. 교활하고, 비열하고, 악랄하고, 중상모략을 일삼는 인간의 추악한 본성을 가면에 비유해 풍자한 것이다.

끝으로 화가의 기질. 앙소르는 지금은 벨기에 화폐에도 등장할 만큼 사랑받는 국민화가이지만, 생전에는 일흔 살이 넘어서야 작품성을 인정받았을 정도로 철저하게 냉대를 받았다. 오죽하면 화가의 친구인 외젠 드몰데가 그의 딱한 처지를 동정하고 안타까워하는 글을 남겼을까.

앙소르의 예술은 너무도 독창적이어서 그의 그림을 본 사람들은 역겨다면서 야단법석을 부린다. 마치 달을 보고 울부짖는 한 무리 굶주린 개들처럼 말이다.

관람객과 비평가, 고향사람들은 물론 가족들마저 그의 그림을 철저하게 외면했다. 화가의 어머니는 생활비를 축내는 애물단지인 아들에게 노골적으로 팔 수 있는 예쁜 그림을 그리라고 강요했다. 돈벌이를 못하는 앙소르는 마흔 살이 넘도록 어머니에게 얹혀사는 신세였다. 이런 굴욕적인 현실은 화가의 자부심에 커다란 상처를 주었다. 분노와 울분, 괴로움에 시달리던 화가는 대인공포증마저 생겼다. 그는 자신의 예술성을 매도하는 사람들에 대한 증오심을 친구 폴 드 몽에게 보낸 편지에 이렇게 적었다.

말수가 없고, 보수적이며 완고한 오스텐데 사람들은 내 그림이라면 적대감부터 보이네. 모래밭을 살금살금 내려오는 적의에 찬 대중들은 내 그림을 보면 혐오감을 드러낸다네. 작년에는 고작 서른 명의 오스텐데 사람들이 내 전시회를 보러왔을 뿐이네. 올해는 서른 한 명이나 될까?

다락방 작업실에 틀어박혀 하루종일 그림을 그리면서 자신의 예술을 비웃던 사람들에 대한 분노를 삭이던 화가에게 죽음은 가장 친숙한 주제였다. 드디어 앙소르는 자신을 해골로 표현하기에 이른다.[61]

해골이 된 화가가 이젤에 놓인 작은 캔버스에 그림을 그리고 있다. 그는 열심히 작업하는 화가라는 점을 과시하고 싶었던 듯, 작업실 벽과 바닥을 그림들로 도배했다. 창작은 경건한 행위라고 말하고 싶었던 것일

61
제임스 앙소르
해골화가
1896
캔버스에 유채

까? 해골화가는 양복에 넥타이를 맨 옷차림으로 고개를 돌려 관람객을 응시한다. 이젤 꼭대기와 벽, 마룻바닥에는 해골, 바닥에는 가면이 놓여 있다.

앙소르가 일생 동안 관심을 가졌던 주제가 이 그림에 모두 담겨 있다. 화가가 자신을 해골로 묘사한 까닭에 대해 생각해보았다. 살았으나 죽은 것과 다를 바 없는 해골 같은 존재라는 뜻일까? 혹은 예술에 무지한 사람들에 의해 살해당한 희생자라는 뜻일까? 아니면 죽어서도 붓을 놓지 않겠다는 의지의 표현이면서 예술은 불멸의 생명을 지녔다는 뜻일까? 예술가란 죽음을 응시하고, 죽음을 화폭에 옮기는 존재라는 것을 말하고 싶었는지도 모른다.

탄생과 죽음은 영원한 한 쌍

한편 세기말 오스트리아 화가인 구스타프 클림트(Gustav Klimt)에게 죽음은 새 생명의 탄생을 의미했다. 다음 그림[62]은 탄생과 죽음이 영원한 한 쌍임을 극적인 방식으로 보여주고 있다.

만삭인 임산부의 측면 초상화다. 여자는 터질 듯 부른 배를 앞으로 쑥 내밀면서 상념에 잠겨 있다. 그녀는 꿈꾸는 듯한 표정을 지으면서 살며시 고개를 숙인다. 산모는 축복과 은혜의 선물인 태아와 은밀한 대화를 나누는 것일까? 임산부의 발치에 있는 여성들도 두 눈을 감고 새 생명의 약동에 귀를 기울이는 것처럼 보인다.

그런데 임산부의 오른쪽 팔꿈치 아래를 살펴보라. 마치 새 생명의 탄생을 시샘이라도 하듯 흉측한 해골이 모습을 드러냈다. 해골은 물론 죽음을 상징한다. 하지만 섬뜩한 죽음의 그림자도 태동하는 생명의 에너지

62
구스타프 클림트
희망 2
1907~1908
캔버스에 유채

를 방해하지 못한다. 홍조를 띤 임산부의 뺨과 터질 듯이 부푼 유방, 보석처럼 화려한 무늬로 장식한 드레스가 음침한 죽음의 그림자를 저 멀리 몰아내고 있으니 말이다.

화가는 삶과 죽음은 순환하며, 죽어서도 영원히 사는 길은 생명을 잉태하는 일이며, 이는 곧 희망이라고 그림을 통해 얘기하고 있는 것이다. 그림에서처럼 지금 이 순간에도 지구의 어디에선가 새 생명이 태어나고, 다른 어디에선가 한 생명은 죽음을 맞는다. 한 생명이 탄생한 순간 또 다른 생명은 흙으로 돌아가는 것은 자연의 이치. 죽음이 있기에 탄생이 있으며, 탄생이 있기에 죽음 또한 있는 것이다.

지금껏 다양한 방식으로 죽음을 표현한 예술작품들을 감상하면서 죽음의 의미를 되새겨 보았다.

프랑스의 역사학자이며 사회학자인 필리프 아리에스는 "죽음은 우리가 끊임없이 실체를 확인해야 하는 가장 위대한 실존적 진리 중의 하나다"라고 죽음을 정의했다. 그러나 죽음이란 인간에게 영원한 수수께끼이고 아직껏 해답을 얻은 사람 또한 없다.

그런데 죽지 않고 영원히 살게 된다면 인간은 과연 행복할까? 노벨문학상 수상자인 사마라구는 《죽음의 중지》라는 소설에서 행복하기는커녕 끔찍한 불행을 맞는다고 경고한다. 다음은 소설에 나온 이야기의 줄거리다.

새해 아침이 되면서 사람들은 영원히 죽지 않는다는 사실을 알게 된다. 치명적인 사고를 당해도, 불치병에 걸려도 절대로 죽지 않는다. 죽음이 사라진 나라에 살고 있다는 행운에 사람들은 감격의 눈물을 흘린다. 그러나 행복은 잠시 뿐이고 곧 불행이 찾아온다. 죽음에 대한 공포가 사라지면서 사람들은 종교에 무관심해지고 갖가지 죄악에 빠져든다. 일손을 놓게 된 장례업체와 병원들은 죽음이 사라진 현실을 원망한다. 마침내 가장 끔찍한 사건이 발생한다. 환자가 죽음 직전의 상태에서 영원히 머물게 되면서 가족들은 사랑하는 사람의 고통을 덜어주기 위해 죽이는 방법을 강구하기에 이른다. 사람들은 영생을 누리게 되었지만 전혀 행복하지 않다.

죽음이 없는 세상은 천국이 아니라 지옥이었다. 사마라구는 죽지 않고 살아가는 삶을 통해 죽음이란 무엇인지 되묻고 있다. 인간은 필연적으로 죽을 수밖에 없는 존재이기에 오히려 매 순간을 소중하게 여기면서 살아간다는 사마라구의 주장은 영화〈트로이〉에서도 거듭 확인할 수 있다.

영화에서 그리스의 용장 아킬레스는 포로가 된 트로이 공주인 브리셰이스에게 다음과 같이 말한다.

네게 아무도 모르는 비밀 한 가지를 얘기해줄까? 신은 인간을 질투해. 왜냐하면 인간은 언젠가는 죽을 운명이거든. 인간은 늘 마지막인 것처럼 삶을 살아가고 있어. 그래서 인생은 아름다운 거야. 너는 지금이 가장 아름다워. 지금 이 순간은 두 번 다시 돌아오지 않으니까.

신도 질투하는 죽음이건만 사람들은 죽음을 혐오하고 회피하면서 영원히 죽지 않을 것처럼 행세한다. 죽음을 의식하면서 치열하고 열정적으로 삶을 살아가는 대신 소중한 인생을 낭비한다.

짧은 삶을 고무줄처럼 늘리는 방법이 있다. 바로 오늘을 마지막 날처럼 열정적으로 사는 것이다.

자, 열심히 살아온 당신, 죽음의 존재를 인정하고 죽음과 화해하라. 육신의 옷을 벗는 날, 그대의 영혼이 평안히 저 세상으로 떠나갈 수 있도록.

3부. 렘브란트의 자화상 앞에 서다

용서

누구를 벌할 수 있겠는가

용서란 평온한 감정이다.
용서는 당신의 상처를
개인적이지 않은 것으로 받아들이게 하고,
자신의 감정에 책임을 지게 한다.
또한 어떤 사건이 벌어졌을 때
피해자가 아닌 승리자가 되었을 때
생겨나는 감정을 말한다.

__프레드 러스킨

살아가면서 가장 힘든 순간은 자신을 미워하고 상처를 주는 사람들과 만나고 대화할 때다. 자신에게 적대적인 감정을 갖는 사람들과 인연을 맺을 수밖에 없는 상황이 벌어지면 심적 고통은 더욱 커진다. 하지만 나를 미워하는 사람들만 내게 상처를 주는 것은 아니다. 사랑하는 사람들이 오히려 치명적인 상처를 입히기도 한다. 그들은 사랑으로 벼른 칼날로 마지막 숨통을 끊어놓는다.

기대감은 원망하는 마음으로 돌변하고 증오심은 악성종양처럼 마음의 평화를 파괴하면서 무섭게 증식한다. 시간이 흐를수록 자신에게 고통을 안겨준 사람을 용서하기란 불가능한 일이라는 것을 절감한다. 그러나 티베트의 영적인 지도자 달라이 라마는 미워하는 마음을 버리고 용서를 적극적으로 실천하는 삶을 살아가라고 권유한다.

나를 고통스럽게 만들고 상처를 준 사람에게 미움이나 부정적인 감정을 키워 나간다면 마음의 평화만 깨어질 뿐이다. 하지만 그를 용서한다면 마음은 평온을 되찾을 것이다. 용서해야만 진정으로 행복할 수 있다.

달라이 라마는 한 걸음 더 나아가 용서란 삶 속에서 실천할 수 있는 가장 큰 수행이라고 말한다. 자신을 불행하게 만드는 요인들이 바로 용서의 감정을 가르쳐주는 큰 스승이기 때문이다. 용서는 인간의 내면에 자비로운 심성을 심어주면서 세상과 화해하는 방법을 가르쳐준다. 그러나 용서란 말처럼 쉬운 일은 아니다. 자신의 내면을 성찰하는 동시에 인간성의 본질을 꿰뚫는 지혜가 요구되기 때문이다.

아버지의 마음으로

여기 상처를 치유하는 명약은 용서라는 점을 깨닫게 하는 명화가 있다. 바로 17세기 네덜란드 최고의 화가로 평가받는 렘브란트(Rembrandt Harmenszoon van Rijn)의 〈돌아온 탕아〉다.[63]

마치 연극의 한 장면처럼 보이는 그림에는 모두 여섯 사람이 등장한다. 화면에 스며드는 부드러운 빛이 서로를 포옹하는 두 남자를 비춘다. 남루한 옷차림의 젊은 남자가 바닥에 무릎을 꿇은 채 노인의 품안에 얼굴을 묻는다. 노인은 젊은 남자의 허물없는 행동을 탓하기는커녕 한없이 자애로운 표정을 지으면서 그의 어깨를 두 손으로 감싼다. 나머지 네 사람은 두 사람이 스킨십을 나누는 모습을 지켜보면서 침통한 표정을 짓는다. 대체 이 그림에는 어떤 사연이 숨어있을까?

이 그림은 렘브란트가 성서에 나온 이야기를 상상력을 발휘해 실제인 양 재현한 것이다. 부유한 노인에게는 두 아들이 있었다. 아버지의 유산을 탐낸 둘째 아들은 자기 몫의 재산을 미리 분배해달라고 늙은 아버지를 졸라댔다. 세상에 자식을 이기는 부모는 없는 법. 아버지는 둘째 아들의 요구를 거절하지 못하고 철부지의 부탁을 들어주었다. 한 밑천 챙겨 집을

63
렘브란트
돌아온 탕아
1666년경
캔버스에 유채

나간 둘째 아들은 객지에서 방탕한 생활을 하면서 재산을 탕진했다. 거지 신세로 전락한 아들은 집으로 돌아올 수밖에 없는 처지가 되었다. 닳아 헤진 구두와 넝마가 된 옷은 아들이 얼마나 곤궁한 상태였는지 생생하게 보여준다.

자신의 품안으로 돌아온 불효자식을 아버지는 어떻게 대했을까? 노인은 자식의 철없는 행동을 나무라기는커녕 아들을 용서하고 자신의 넉넉한 품안에 감싸주었다. 포옹하는 두 사람은 노인과 둘째아들이고, 질책하는 듯한 눈길로 부자를 내려다보는 남자는 큰 아들이다.

아버지는 연민과 애정을 담은 표정을 지은채 무릎을 꿇고 참회하는 아들을 다독이고, 불효자식은 늙은 아버지의 가슴에 고개를 파묻고 통한의 눈물을 흘린다. 부모의 은혜를 저버리고 집을 뛰쳐나가 가산을 탕진한 아들, 그 아들은 방탕한 생활을 한 대가로 무일푼 신세로 전락했다. 재산을 탕진한 아들은 뒤늦게 부모의 사랑이 얼마나 큰지 깨닫고 아버지 곁으로 서둘러 돌아온 것이다. 그러나 집으로 향하는 아들의 발걸음은 필경 무거웠으리. 그의 마음에는 불안과 희망이 교차했을 것이다. 아버지가 불효자식을 용서할 것인가, 아니면 도움을 갈망하는 손길을 냉담하게 내칠 것인가. 그러나 공연한 기우에 불과했으니, 아버지는 못난 아들의 행동을 너그럽게 용서하고 그에게 가장 좋은 옷과 신발을 주었다. 그리고 마을사람들을 불러 아들의 귀향을 축하하는 성대한 잔치를 열어주었다.

하긴 부모라면 자식을 어떻게 용서하지 않을 수 있겠는가. 노인의 피곤에 지친 표정과 슬픔이 밭고랑을 판 굵은 주름살을 보라. 집나간 아들을 염려하면서 얼마나 애간장을 태웠기에 저토록 몸이 쇠약해졌을까? 그러나 사랑이 미움을 이겼다. 사치스런 보석으로 장식한 아버지의 두 손은 안쓰러운 듯 못난 아들의 어깨를 감싸 안는다. 노인의 두 손은 진한 부성애를 나타낸다. 저 손은 힘을 가진 자가 약한 자를 품안에 받아드리는 자비의 손이며, 도움을 청하는 손길을 뿌리치지 않는 넉넉한 마음의 손이기도 하다.

이처럼 아버지가 사랑을 손에 담았다면 아들은 발을 빌어 용서를 구하고 있다. 아들은 상처투성이 발바닥을 감상자에게 고스란히 드러냈다. 맨발을 보이는 것은 항복을 의미한다. 즉 당신의 처분에 몸을 맡기겠다는 뜻이다. 위대한 렘브란트는 인물들의 손과 발을 감정을 표현하는 도구로 활용해 진한 감동을 안겨주었다.

그 뿐만이 아니다. 화가는 감성을 자극하는 가장 효과적인 방법을 그림에 적용했다. 아들이 진심으로 과거를 참회하면서 용서를 빌고 있다는 것을 강조하기 위해 그의 앞모습이 아닌 뒷모습을 그렸다. 감상자는 뒷모습을 보면서 그림 속 인물의 감정에 공감하게 된다. 즉 관객 스스로 아버지가 되어 못난 아들을 끌어안고 싶어진다.

인간심리의 달인 렘브란트는 얼굴을 가리면 보는 사람의 동정심을 더욱 강하게 자극한다는 점을 본능적으로 간파하고 그림에 적용한 것이다. 또한 화가는 아버지와 아들이 한 핏줄임을 나타내기 위해 두 사람의 옷을 동일한 색상으로 통일했다. 렘브란트는 이처럼 관객의 심리를 꿰뚫는 혜안에, 천재적인 조형능력을 겸비했기에 세계적인 화가의 반열에 오를 수 있었다.

성서에 나오는 탕아의 이야기는 당시 화가들이 즐겨 다루는 인기주제였다. 많은 화가들이 이 흥미로운 주제에 도전했지만 그 어떤 화가도 렘브란트처럼 사람들의 심금을 울리는 그림을 그리지 못했다. 오직 렘브란트만이 감상자가 아버지가 되어 저절로 불효자식을 끌어안고 싶은 충동이 들게 하는, 사람들에게 용서가 무엇인지 절감하게 만드는 그림을 그릴 수 있었다.

스스로에게 비는 용서

렘브란트는 미움보다 화해, 증오보다 사랑이 주제인 그림에 마음이 끌렸던가. 바라보기만 해도 마음이 따뜻해지는 또 한 점의 그림을 그렸다. 다음 그림64에 등장하는 남녀는 성서에 나오는 이삭과 리브가 부부다. 화가는 성서 속 인물을 당시 네덜란드에서 살았던 다정한 한 쌍으로 묘사했다.

남자는 왼손을 여자의 어깨에 얹고, 오른손은 마치 나비의 날갯짓처럼 부드럽게 그녀의 가슴을 감싼다. 애무라기보다 여자를 보호하고 지켜주겠다는 무언의 약속으로 보인다. 여자도 남자의 애정에 화답하듯 왼손으로 남편의 손을 어루만진다. 부부간의 애정을 과시하는 정다운 한 쌍을 묘사한 그림은 불화와 증오, 반목이 난무하는 세상에 사랑과 평안, 화목함을 선물한다.

렘브란트는 생의 끝자락에서 세상과 타협하고 싶었던지 보는 이의 마음을 평온하게 만드는 그림을 연달아 그렸다. 도전적이고 반항적인 성격을 지녔던 렘브란트가 이토록 가슴이 뭉클해지는 그림을 그린 이유가 무엇인지 궁금해진다. 더구나 화가는 이 그림을 제작할 당시 생애 최악의 순간을 맞고 있지 않았던가.

그 시절 렘브란트는 그의 개성적인 화풍을 고객들이 외면하는 바람에 그림주문이 끊겨 파산한 상태였다. 사랑하는 아내와 아들도 그를 남겨두

64
렘브란트
유대인 신부
1665년경
캔버스에 유채

고 서둘러 세상을 떠났다. 불행이 겹으로 닥치면서 자신의 천재성을 짓밟는 사람들에 대한 증오심은 그의 가슴속에서 더욱 커져만 갔으리라. 화가는 유독 자신에게만 딴죽을 거는 운명을 맹렬하게 비난하면서 마음속에 흥건히 고인 분노를 터트리고 싶었을 것이다.

그런데 어떤 계기에 의해 따뜻한 감정의 물살이 생겨나 모난 돌처럼 날카롭던 그의 심성이 동글동글하게 다듬어졌을까? 그래서 이런 가정을 해 본다. 스타 화가에서 늙고 가난한 홀아비 신세로 전락한 렘브란트는 불행을 가져다 준 운명을 저주하는 대신 스스로 마음 공부한다고 생각하지 않았을까? 네 탓이 아닌 내 탓이라고 받아들이면 원망하는 마음조차 사라지기 마련이니까.

돌이켜보면 화가에게도 잘못은 있었다. 예술적 자부심이 무척이나 강했던 그는 자신의 예술세계를 이해하지 못하는 고객들을 무시했고, 퉁명스럽게 대해 기분을 상하게 한 적이 많았다. 또 낭비벽이 심해 파산지경에 이르렀는데도 미술품과 골동품, 가구 등을 충동적으로 구매해 빚은 더욱 늘어났다.

그는 두 번째 아내였던 헨드리키에의 가슴에도 지울 수 없는 상처를 입혔다. 첫 번째 아내였던 사스키아는 세상을 떠나면서 화가가 재혼할 경우 무효가 된다는 조건을 달아 유산을 남겼다. 화가는 아내의 재산이 탐나 헨드리키에와 오랫동안 내연의 관계를 유지하고 아들까지 낳았는데도 결혼을 미루었다. 화가의 정부가 된 헨드리키에는 주변 사람들의 따가운 눈총에 시달렸고, 급기야 교회에서 출입을 금지당할 만큼 인격적인 수모를 당했다.

렘브란트는 자신이 과거에 저질렀던 과오를 속죄하는 의미에서 사랑과 관용을 베푸는 그림을 그렸던 것은 아닐까. 그래서 프랑스 소설가, 시인이며 극작가인 장 주네는 렘브란트가 생의 말년에 이르러 세상과 화해했다고 주장했는지도 모른다.[65]

생의 종말이 다가오면서 렘브란트는 선해졌다. 그가 자신을 방어하기 위해 썼던 가면은 벗겨졌다. 그는 진실을 가리려고 세상 앞에 쳐 놓은 장막을 열어 젖혔다. 사악함, 다양한 형태의 공격, 유머, 욕망, 에로티시즘, 허영 등 우리가 그의 성격적 결함으로 볼 수 있는 단점들이 사라졌다. 마침내 그는 장막을 거두고 세상과 가까워졌다.

자신이 저지른 잘못에 대해 스스로 용서를 빌게 만드는 렘브란트의 그림들을 보면서 레바논 출신의 시인, 철학자, 화가였던 칼릴 지브란의 잠언을 가슴속에 떠올렸다.

 그대들 중의 한 사람이 정의의 이름으로 누군가를 벌하려 한다면
 그리하여 악의 나무를 도끼로 찍으려고 한다면
 그로 하여금 그 나무의 뿌리를 살펴보게 하라.
 그러면 그는 선과 악의 뿌리,
 열매 맺고, 열매 맺지 못한 가지의 뿌리가
 대지의 말없는 가슴 속에 함께 뒤엉켜 있음을
 진심으로 알게 되리라.
 그러면 그대 정의롭게 재판하려고 하는 자들이여
 그대들은 비록 육체적으로는 정직하나

65
렘브란트
웃는 자화상
1665년경
캔버스에 유채

정신적으로 도둑인 자에게 어떤 판결을 내릴 것인가.
육체적으로 살인자이나
정신적으로 살해당한 자에게 어떤 형벌을 내릴 것인가.
또한 그대들은 겉으로는 사기꾼이며 가해자이지만
그 역시 박해받고 폭행당한 자를 어떻게 고발할 것인가.

러시아가 낳은 가장 위대한 소설가로 평가받는 톨스토이도 칼릴 지브란과 비슷한 말을 남겼다.

세상에서 벌어지는 악한 일의 대부분은 사람들이 남을 벌할 권리를 가졌다고 믿는 데서 생겨난다.

용서보다 복수심을 부추기는 사회분위기에 절망한 사람들에게 희망을 주고 싶었던 듯, 미국의 심리학자인 마이클 맥컬러프는 저서 《복수의 심리학》에서 인류는 본능적으로 복수보다 용서를 선호하는 방향으로 진화했다는 흥미로운 주장을 펼쳤다. 상대를 용서하고 협력하는 관계를 유지하면 복수하는 것보다 더 많은 이득을 얻을 수 있다는 점을 터득했기 때문이란다.

용서란 비단 인간관계에만 적용되지 않는다. 용서는 용서하는 사람의 정신뿐 아니라 육체적 건강에도 좋은 영향을 끼친다. 미국의 심리학자 딕 티비츠에 따르면 혈압이 높거나 공격적인 성향을 지닌 사람들에게 용서는 매우 효과적인 치료법이 될 수 있다.

용서의 최대 수혜자가 남이 아닌 자신이라고 생각하면 용서를 베풀기가 훨씬 수월해진다.

   만일 그대가 삶의 음지를 양지로 바꾸고 싶다면 미움 대신 용서를 선택하라. 행복한 삶을 살기 위해서라도 용서하는 방법을 배울 필요가 있다. 왜냐하면 용서는 인간답게 살기 위한 가장 유용한 기술이니까.

침묵

세상과 소통하는
또 하나의 언어

말은 침묵에게서 활기를 얻고,
침묵은 말로 인해 생긴 황폐함을 정화시킨다.
침묵은 말의 자연이며,
휴식이며,
황야다.

__막스 피카르트

말이란 타인과 소통하는 수단이며, 사회를 구성하는 근본요소다. 그래서 사람들은 자신의 생각과 감정을 상대에게 전달하기 위해 화려하게 말을 장식하고, 더 많은 말을 하려고 조바심을 낸다. 또 말을 멈추고 침묵하는 순간 어색해지면서 당황해한다. 대다수의 사람들에게 침묵은 불안이며 두려움이다. 과연 침묵은 말을 포기한, 소리가 없는, 소통의 단절을 의미할까?《침묵예찬》의 저자인 마르크 드 스메트는 그렇지 않다고 주장한다.

침묵은 가장 내밀한 언어다. 침묵의 세계는 언어의 세계보다 깊고 넓으며 더 많은 이야기를 전달한다.

마르크 드 스메트는 이를 증명이라도 하듯 침묵의 소중함을 강조하는 각국의 속담을 책에 소개하고 있다. 예를 들면 '침묵은 금이다(프랑스)' '침묵하라(독일)' '그것이 힘들다면 침묵보다 더 나은 무언가를 말하라(독일)' '제대로 침묵하는 것이 제대로 말하는 것보다 훨씬 어렵다(이스라

엘)' '아무것도 모르는 사람이 침묵할 줄 안다면 그는 이미 충분히 알고 있다(이탈리아)' '침묵도 일종의 대답이다(루마니아)' '현명한 사람의 입은 그의 가슴속에 있다(터키)' '나이가 들면 입은 닫고 지갑은 열어라(한국)' 등이다.

19세기 독일 낭만주의 화가인 카스파 다비드 프리드리히(Caspar David Friedrich)의 그림을 보면 각 나라의 속담이 언급한 침묵의 의미에 대해 더욱 공감하게 된다.[66]

두 남자가 고인돌처럼 우뚝 선 채 아득히 멀리 사라지는 해를 응시한다. 저녁노을을 바라보는 두 남자의 뒷모습은 더없이 고요하고 평화롭다. 그림에서 인간의 언어는 모두 사라졌다. 햇살이, 구름이, 공기가, 땅이 인간의 말을 대신한다. 인간의 언어가 휴식을 취하는 시간이다.

화가는 두 남자의 앞모습이 아닌 뒷모습을, 그것도 실루엣으로 표현했다. 얼굴표정을 헤아릴 필요가 없는, 언어조차 불필요한 절대적인 정적의 순간을 강조하기 위해서였으리라. 두 남자는 지평선으로 잦아드는 햇살을 온몸으로 느끼기 위해, 자연풍경과 하나가 되기 위해, 자연의 가르침을 듣기 위해 침묵이 필요했으리라. 속되고 번잡한 세상에서 찾을 수 없는 고요와 정적, 침묵의 시간을 경험하려고 이곳을 찾아왔을 테니까.

그림에서 시끄럽거나 소란스런 것은 없다. 그 무엇도 두 사람의 침묵을 방해하지 못한다. 절대침묵 속에서 두 사람은 스스로 작아지고, 우주의 에너지를 흡수하면서 빛을 향해 나아가는 존재가 된다.

말이 사라진 빈자리를 자연의 빛으로 채우는 프리드리히 그림을 보면서 마르크 드 스메트의 《침묵예찬》에 나온 주옥같은 구절을 머릿속에 떠올렸다.

66
카스파 다비드 프리드리히
일몰
1830년경
캔버스에 유채

침묵은 인생의 통찰력을 갖게 해주는 세상에서 가장 아름다운 선물이다. 우리가 할 수 있는 일이란 그저 입을 다물고 침묵하는 것이다.

미술전문가들은 프리드리히를 가리켜 '고요의 대가'라고 부른다. 그는 침묵의 가치를 너무도 잘 알고 있었고, 침묵의 세계를 그림에 실감나게 표현할 수 있었다. 프리드리히는 사람들과의 교제를 즐기기보다 혼자 있기를 좋아하는 조용한 성품의 소유자였다. 이것은 "열혈팬이 많다면 대단한 영광이겠지요. 하지만 자신을 진심으로 이해하는 소수의 팬을 갖는다면 더 큰 영광일 것입니다"라는 화가의 말에서도 선명하게 드러난다.

화가의 내성적인 성격은 불행한 가정환경에서 영향을 받은 것으로 보인다. 프리드리히가 일곱 살 때 화가의 어머니가 세상을 떠났고, 그 이듬해 누이 엘리자베트가 천연두에 걸려 짧은 생을 마감했다. 화가가 열세 살이 되던 해 빙판이 깨져 물에 빠지게 되었는데, 동생 요한이 형을 구하려다가 익사했다. 그가 열일곱 살이 되었을 때 누이 마리아가 발진티푸스에 걸려 세상을 떠났다. 불행한 가족사는 프리드리히가 현실세계를 벗어나 자연에서 위안을 얻게 되는 결정적인 계기가 되었다. 이는 화가가 러시아 시인 주코프스키에게 "자연과 소통하기 위해서는 고독이 필요하다"라고 말한 것에서도 확인할 수 있다.

만일 그가 혼자 있는 시간이 많지 않았다면 침묵 속에서 삶의 지혜를 터득하고, 인생을 성찰하고, 자연과 교감하는 그림들을 그릴 수 없었을 것이다. 프리드리히는 침묵을 인생의 스승으로 삼았기에 순간을 영원으로, 유한한 삶을 무한대로 확장시킬 수 있었다.

텅 빈 충만함

다음 그림[67]을 보면 자연과 소통하는 언어는 침묵이며, 침묵은 사랑의 메신저라는 것을 절감할 수 있다.

매섭도록 추운 겨울 밤, 두 남녀가 숲속 절벽 위에 선 채 달을 내려다본다. 남자는 두꺼운 외투에 털모자를 썼고, 여자는 커다란 숄로 몸을 감쌌다. 차가운 밤공기에도 불구하고 두 사람은 자연과 교감하기 위해 숲속을 찾았다. 천지는 무섭도록 고요하다. 뿌리가 절반쯤 뽑힌 떡갈나무가 하늘을 향해 무성한 가지를 뻗친다. 노란 달빛이 바위와 돌맹이, 무성한 풀, 산 너머의 전나무 숲을 고요히 비춘다. 달빛이 세상의 모든 소음을 흡수하는 시각, 여자가 남자의 어깨에 조용히 손을 얹는다. 굳이 말을 하지 않아도 두 사람은 서로가 깊이 사랑한다는 사실을 느낌으로 이미 알고 있다. 사랑이란 연인의 마음에 침묵이 깃들도록 빈자리를 마련해주는 것이다.

사랑의 감정을 경험한 사람들이라면 본능적으로 알게 된다. 침묵 속에서 사랑은 더욱 강해진다는 말의 의미가 무엇인지를. 프랑스 역사학자인 브레몽도 이렇게 말하지 않았던가. "사랑은 말할 때보다 침묵할 때 더 절실하게 느껴진다. 말을 하는 것은 마음의 감동을 방해한다"라고.

프리드리히는 자연의 언어로 인간의 언어를 대체하고 싶은 갈망을 다음 그림을 통해 보여주었다. 이 아름다운 그림[68]을 보라. 하늘과 땅, 나무가 세상의 주인공이 되었다. 고요한 자연풍경은 소음과 번잡함에 지친 사람들에게 자연의 침묵이 얼마나 위대한지 느끼게 만든다.

그림을 보는 순간 사람들은 살아가면서 말할 수 없는 것들이 너무 많다는 사실을 깨닫게 된다. 그 어떤 언어로도 자신이 말하고 싶은 것을 표현할 수 없어 절망에 빠진 적이 많았음을 기억한다. 화가는 소음의 세계에

67
카스파 다비드 프리드리히
달을 응시하는 두 남녀
1824
캔버스에 유채

68
카스파 다비드 프리드리히
드레스덴 근처의 풍경
1832
캔버스에 유채

서 살기 위해 침묵을 추방시킨 인간들을 위로하기 위해 말할 수 없는 것까지도 말하게 하는 침묵을 선물한 것이다.

이제 '침묵' 편을 마무리할 시간이 되었다. 예술가와 문인, 철학자들은 마치 약속이라도 한 듯 침묵에 귀를 기울이면 정신적 풍요를 누릴 수 있다고 얘기한다. 그들은 왜 침묵이란 텅 빈 것이 아닌 충만함이라고 말할까?

침묵은 인간의 오감을 예민하게 만들고, 사유하는 힘을 길러주기 때문이다. 사람들은 말에 정신을 쏟느라 눈이 있어도 보지 못하고, 귀가 있어도 듣지 못하고, 코가 있어도 맡지 못하고, 혀가 있어도 맛보지 못하고, 손이 있어도 만지지 못한다. 하지만 말을 멈추는 순간 눈은 별빛을 헤아리고, 귀는 풀잎에 스치는 바람소리를 듣고, 코는 꽃향기를 맡고, 혀는 달콤한 맛을 음미하고, 손과 발은 자연을 부드럽게 터치한다. 즉 말 대신 감각이 세상과 대화하고 소통하는 언어가 된다. 부산한 움직임보다 정지가, 자세한 설명보다 상징이, 말보다 침묵이 값지다는 것을 깨닫게 되면서 마음은 평온을 되찾게 된다.

독일 작가인 막스 피카르트는 저서 《침묵의 세계》에서 "말은 침묵에게서 활기를 얻고, 침묵은 말로 인해 생긴 황폐함을 정화시킨다. 침묵은 말의 자연이며, 휴식이며, 황야다"라고 하면서 침묵의 필요성을 거듭 강조했다. 이런 위대한 침묵을 경험하기 위해서는 먼저 자신의 내부에 침묵이 기거할 수 있는 공간을 마련하는 자세가 필요하다.

수많은 말을 소진한 다음 문득 세상이 공허하다고 느껴질 때, 침묵이 사는 충만한 공간에서 참된 나와 만나 영혼의 대화를 나누면서 삶의 에너지를 충전시킬 수 있도록 말이다.

명상

마음의 영토를 무한대로 넓히다

자신의 내면에 행복과 만족, 빛이 있는 사람은 요기이고,
브라만과 하나가 된다.
그는 신적인 의식에서 영원한 자유를 얻는다.

―《바가바드기타》중에서

영화 〈블루 벨벳〉〈이레이저 헤드〉의 감독으로 유명한 데이빗 린치 감독은 《빨간 방》이라는 자전적 에세이에서 자신은 33년 동안 단 하루도 명상을 중단한 적이 없다고 밝혔다.

괴기하고 독창적이며 상상력이 넘치는 영화들을 제작해 '컬트영화의 제왕'이라는 별명까지 얻은 그가 매일 아침과 오후 20분간 초월명상을 한다니 정말이지 놀라운 일이 아닐 수 있다. 린치는 명상을 처음 시작하게 된 계기를 책에서 이렇게 얘기하고 있다.

나는 명상에 관한 이야기를 처음 들었을 때 호기심이나 관심을 갖지 않았다. 명상이란 시간낭비라고 여겼다. 그런데 '진정한 행복은 자신의 내부에 있다'는 구절이 왠지 가슴에 와 닿았다. 처음 그 말을 들었을 때는 솔직히 유치하다는 생각이 들었다. 그 내부가 어디인지, 어떻게 그곳에 도달할 수 있는지 알려주지 않기 때문이다. 그러나 그 말에 진실이 담겨져 있다는 느낌은 받았다. 명상에 관련된 것들을 자세히 살펴보고, 질문하고, 생각에 잠기던 어느 날 누이에게서 전화가 걸려왔다. 누이는 내게

6개월 째 초월명상을 하고 있다고 말했다. 나는 누이의 목소리에서 변화를 감지했다. 그것은 바로 행복이었다.

린치도 초월명상을 시작했고 그는 자신에게 변화가 생겼다는 것을 깨닫게 되었다. 다음은 그의 경험담이다.

명상을 시작할 무렵, 나는 불안과 공포에 시달리고 있었다. 나는 자주 아내에게 분풀이를 했다. 명상을 시작하고 2주일이 지났을 때 아내가 내게 말했다. '당신에게 분명히 무슨 일이 생겼어요.' 나는 잠시 가만히 있다가 아내에게 물었다. '무슨 뜻이야?' '당신의 화내는 버릇 말이에요. 대체 그 버릇이 어디로 사라진 거죠?' 나는 화내는 버릇이 사라졌다는 사실도 미처 깨닫지 못하고 있었다. 당시 내가 느꼈던 분노를 나는 '부정성의 질식할 듯한 고무 광대 옷'이라고 부른다. 분노는 고무 옷처럼 사람들을 질식시키고, 고무냄새처럼 역겹다는 뜻이다. 그러나 명상을 하면서 자신의 내부로 잠수하면 고무 광대 옷은 서서히 풀어헤쳐지면서 무한한 자유를 누리게 된다.

자연에서 찾은 평화

여기에 명상은 행복, 명상은 자유라고 얘기하는 그림이 있다. 조선조 초기 사대부 화가였던 강희안의 그림[69]이다. 강희안은 안견, 최경과 더불어 3절(絶)이라고 불릴 만큼 시와 그림, 글씨가 뛰어났다.

화면의 배경은 깊은 숲속, 한 노인이 가파른 절벽 아래 있는 커다란 바위에 터를 잡고 앉았다. 노인은 바위에 두 팔을 얹고 턱을 괸 채 흐르는 물

69
강희안
고사관수도
조선초기
수묵

을 내려다본다. 바위에 엎드린 채 명상에 잠긴 노인의 평온한 모습은 번잡한 속세를 떠나 자연에서 마음의 여유를 찾고 싶었던 조선 선비의 이상(理想)을 반영한다. 자연도 노인의 맑은 심성에 화답한다. 가파른 절벽은 병풍처럼 노인을 감싸고, 넝쿨은 절벽을 타고 내려와 긴 촉수를 노인에게 뻗친다. 그림의 제목은 〈고사관수도〉, 고결한 선비가 물을 바라본다는 뜻을 지녔다.

예로부터 동양인들에게 물은 만물의 본원이며, 모든 생명체의 근원, 지혜로운 이가 사색하는 대상이었다. 노자 도덕경에 "물은 만물을 고루 이롭게 하면서도 다투지 않는다. 최고의 선은 물과 같다"라고 쓰여 있고, 논어에도 "어진 이는 산을 즐기고 지혜로운 자는 물을 즐긴다"라고 적혀 있다.

동양인들이 물을 진리를 깨닫게 해주는 대상으로 여긴 것에는 그럴 만한 이유가 있다. 물은 형태가 없기에 자유자재로 바뀌면서 모든 사물의 모양이 되고, 물은 색깔이 없기에 주변 사물의 색채를 고스란히 흡수하면서 모든 사물의 색깔이 되며, 물은 세상만물의 생명수이기에 모든 생명체를 살린다고 믿었기 때문이다. 그뿐만이 아니다. 흐르는 물은 인생사와 같다. 물은 보이는가 하면 이내 흘러가버린다. 또 다른 물이 나타나는가 싶으면 그 물마저 흘러가버리는, 물은 과거이며, 현재이며, 미래다. 삶이란 저 물처럼 붙잡을 수 없기에.

미술사학자 오주석의 설명을 들으면 그림의 의미가 보다 친근하게 다가온다.

앞머리가 벗어진 넓적한 얼굴의 선비는 이제 세상살이를 꽤 이해할 만한 지긋한 연배의 노인이다. 눈과 눈썹은 짙은 먹선으로 대충 쳐서 그렸으되 만사를 있는 그대로 받아들이는 넉넉한 빛을 띠었으며, 사람 좋아 보이는 납작한 코와 인자해 보이는 입가와 수염, 그리고 넓은 소맷자락에 인간사를 초탈한 듯한 여유로움이 번져 있다. 선비 아래 듬직한 바위는 툭툭 끊어지는 호쾌하고 대범한 먹선으로 윤곽선을 둘렀으며, 아래쪽으로는 시커멓게 거친 바림을 베풀었다. 그 선의 성질은 선비 옷의 윤곽선과 아주 닮았다. 즉 굵었다 가늘었다 변화가 많고 꺾여 나가는가 싶다가는 곧 끊어진다. 특히 선비의 다리 오른편의 바위 형태가 다리 모양과 거의 같아 보여, 화가는 마치 선비가 바위이고 바위가 곧 선비라고 말하는 것 같다. 그 아래에 의자처럼 편편한 작은 바위가 하나 더 있다. 누구든지 와서 함께 해도 좋을 공간이다. 선비는 오늘 한가로움을 얻었다. 그리하여 완전히 자연과 하나가 되었다. 선비가 자아내는 잔잔한 삼매경과 여유와 고요함이 너무 좋아서 나 또한 그림 속의 인물이 되고 싶다.

이 그림이 명상을 하는 것과 같은 효과를 주는 것은 자연을 관조의 대상으로 보았던 동양적인 세계관을 반영하고 있어서다. 조선의 산수화가들에게 자연은 경탄할 만한 감상의 대상이며, 이상적인 아름다움의 정수였다. 산수화란 말 그대로 산과 물이 주제인 그림을 가리킨다. 산수(山水)라는 단어에서 나타나듯 산수화에서 자연과 인간은 하나이며, 서로 조화를 이루면서 살아간다. 산수화가들이 자연풍경을 사실적으로 묘사하지 않은 것도 마음의 눈으로 자연을 바라보았기 때문이었.
무욕의 삶을 제시한 강희안의 산수화는 20세기 영적스승으로 불리는 인도 출신의 철학자 오쇼 라즈니쉬의 명상법을 연상시킨다. 라즈니쉬는 과도한 욕망에 짓눌린 현대인들에게 일상에서 실천할 수 있는 다이내믹 명상법을 제시했다. 이 명상법에는 명상으로 피로를 푸는 법과 웃음으로 명상하는 법이 있다.

　휴식과 웃음도 과연 명상일까? 라즈니쉬는 그렇다고 말한다. 휴식과 웃음은 육체적 긴장을 풀어주고, 정신적 스트레스를 해소시켜주기에 명상하는 것과 동일한 효과가 있다는 것이다.

　라즈니쉬의 명상법을 생각하면서 그림 속 노인의 평온한 표정과 느긋한 몸동작을 살펴보자. 노인의 모습 어디에서도 피로의 흔적은 찾아보기 힘들다. 더구나 노인은 미소까지 짓고 있다. 욕심을 버리고 마음의 평화를 얻게 된 사람만이 짓는 미소요, 취하는 자세다. 바쁜 업무에 쫓기는 현대인들이 노인처럼 깊고 조용한 산속에 들어가 홀로 휴식을 취하기란 쉽지 않다. 하지만 그림을 감상하면서 몸과 마음을 쉬게 하는 것은 얼마든지 가능하다. 그런 명상법을 그림명상법이라고 부르면 어떨까?

그림 안에 내가 있다

20세기 추상표현주의 화가인 마크 로스코(Mark Rothko)의 작품도 그림명상법으로 추천해도 전혀 손색이 없다.

　직사각형의 색면들이 겹쳐 있는 커다란 추상화다.[70] 색면들은 구름처럼 캔버스 공간을 떠돌다가 물처럼 화폭 안쪽으로 스며들면서 오묘한 색채로 바뀐다. 바탕색에 주황과 파랑이 색칠해진 단순한 캔버스. 설령 그림을 그릴 줄 모르는 사람도 저 정도는 색칠할 수 있을 것 같은 평범한 캔버스. 하지만 그림 앞에 서는 순간 그런 단순함이 감동을 자아내는 요소임을 깨닫게 된다. 미술애호가들은 로스코의 그림을 가리켜 명상적이라

70
마크 로스코
푸른 구름
1956
캔버스에 유채

고 말하곤 한다. 로스코의 그림이 명상적인 분위기를 자아낸 것은 그림의 크기와 색채의 효과 때문이다.

먼저 크기다. 로스코의 그림은 거대하다. 캔버스의 길이가 무려 3미터를 넘기도 한다. 화가는 커다란 캔버스를 선택한 이유에 대해 다음과 같이 말한다.

나는 아주 커다란 그림을 그립니다. 나는 역사적으로 거대한 그림은 숭고하고 호화로운 주제를 그릴 때 주로 사용되었다는 사실을 잘 알고 있습니다. 하지만 내가 큰 그림을 그리는 까닭은 사람들과 친밀해지고, 인간적으로 다가가고 싶어서입니다. 작은 그림을 그리는 것은 자신이 경험한 바깥에 당신을 세워놓고, 그 경험을 환등기로 비추는 것과 같습니다. 또는 축소렌즈로 풍경을 바라보는 것과 같습니다. 그러나 큰 그림을 그리게 되면 당신은 그림 안에 있게 됩니다. 당신은 그림을 내려다볼 수조차 없게 됩니다.

화가는 관람객이 그림과 혼연일체가 될 수 있도록 조명을 어둡게 하고, 그림과 관람자의 사이를 지정하고, 작품 앞에 의자를 설치하는 등 작품을 전시할 때마다 세심하게 신경을 쓰곤 했다. 예를 들면 로스코가 원하는 작품을 감상하기 위한 이상적인 거리는 45센티미터였다. 그만큼의 거리에서 작품을 감상하면 색면 속으로 빨려드는 듯한 느낌이 들고, 색면 내부의 움직임과 경계의 사라짐을 경험하고, 외경심을 갖게 된다. 그리고 마침내 인간 존재의 한계를 뛰어넘는 자유를 얻게 된다는 것이다.

다음은 색채다. 로스코는 색면추상화의 대가다. 색면추상이란 1940년대 후반 미국에서 태동한 미술사조를 가리킨다. 색면추상화가들은 눈에 보이는 대상을 화폭에 재현하는 대신 캔버스 전체를 색채로 뒤덮는 새로운 형식의 미술을 선보였다. 로스코는 순수한 색채가 갖는 감성적인 힘을 강조하기 위해 일명 '로스코 표'라고 불리는 독창적인 화풍을 개발했다. 로스코 화풍이란 물감을 캔버스에 얇게 발라 색면들을 밝고 투명하게 만들고, 색면을 캔버스 가장자리에 닿지 않게 배치해 색면들이 마치 화폭에서 부유하는 듯한 느낌을 주는 기법을 가리킨다.

미술비평가 제이콥 발테슈바가 로스코 표 색채의 비결을 밝혀냈다.

로스코는 천연 그대로의 캔버스에 물감을 섞은 용해제를 붓으로 얇게 칠한 후, 바탕칠을 화폭에 고정시키는 역할을 하는 오일이 캔버스의 가장자리로 넓게 퍼지도록 했다. 그리고 초벌칠 위에 자신이 혼합한 물감을 덧칠했다. 물감 층은 매우 얇아 캔버스 깊숙이 착색되지 않고 표면에 머물러 있는 듯한 효과를 자아냈다. 이런 까다로운 과정을 거쳐 색채는 투명해지고 빛을 발산하게 되었다.

로스코는 간혹 사람들이 자신의 그림을 가리켜 단순한 색채의 배열, 혹은 색이 칠해진 캔버스에 불과하다고 얘기하면 분노를 터뜨렸다. 로스코에게 그림이란 물질을 초월한 영원한 생명을 의미했다. 이런 화가의 심정은 그의 어록에서도 확인된다.

나는 생명의 맥박이나 숨결이 느껴지지 않는 그림에는 전혀 관심이 없습니다. 세상에는 그림만 잘 그리는 환쟁이가 있는가 하면 작품에 생명을 불어넣고, 상상력을 꽃피우게 하는 예술가가 존재합니다. 재주나 기교에 불과한 솜씨와 정신과 개성을 표현하는 솜씨에는 분명 커다란 차이가 있습니다. 후자의 솜씨가 우주를 만들어내는 창조행위입니다.

시공간을 초월하다

미술은 인간정신의 구현이며, 우주의 생명이라는 로스코의 예술관은 '로스코 채플'로 불리는 휴스턴의 예배당 벽화에서 완성되었다.[71] 현재 로스코의 그림이 봉헌된 휴스턴 예배당은 전 세계 미술애호가들의 발길이 끊이지 않는 예술명상의 순례지가 되었다. 영국 가디언 신문의 미술담당 기자인 조너선 존스는 '죽기 전에 꼭 봐야 할 걸작 20점' 중의 하나로, 로스코의 예배당 벽화를 추천하기도 했다.

휴스턴의 세인트 토마스 가톨릭 대학교 예배당에는 로스코의 대형그림 14점이 걸려 있다. 미술품수집가인 존과 도미니크 드메닐이 화가에게 의뢰해 예배당에 봉헌한 작품들이다. 3점의 삼면화와 5점의 작품들은 거대하고 단조로운 직사각형이며, 색채는 어둡다. 자주색과 검정색이 주조색인 그림은 일명 '블랙페인팅(Black Painting)'으로도 불린다. 어둡고 거대한 작품들은 정적(靜的)이면서 명상적인 분위기를 자아낸다. 관객들은 예배당 공간에서 미술의 아름다움보다 성스러움을 체험하게 된다. 미국의 미술사학자인 제임스 엘킨스는 로스코 예배당을 다녀온 소감을 이렇게 적었다.

그곳에서 네 사람이 명상에 잠겨 있었다. 두 사람은 책상다리였고, 한 사람은 두 점의 그림 사이의 흰 벽을 바라보고, 나머지 한 사람은 눈을 감

71
로스코 예배당 내부

고 있었다. 안내원의 말에 따르면 그림 앞에 오랫동안 머물면서 집중하는 사람들이 가장 강렬한 감동을 받는다고 한다. 나는 사람들이 계속해서 그림을 바라보면서, 화가가 무엇을 표현하려고 했는지 상상하면 그의 마음이 얼마나 어둡고, 고갈되고, 텅 비었는지 알아차릴 수 있다고 생각한다. 로스코의 그림들은 모든 빛의 입자를 흡수하고, 모든 생각을 빨아드리는 블랙홀과 같다. 고개를 어디로 돌리던 그림은 당신 앞에 버티고 서 있다. 암흑 이외는 아무것도 묘사되지 않았다. 그림의 분위기는 감상자를 무겁게 내리누른다.

로스코에게 예배당 벽화를 의뢰했던 도미니크 드 메닐은 휴스턴 예배당 봉헌식에서 봉헌사를 낭독했는데, 그 글에 로스코의 그림이 왜 명상적인지에 관한 해답이 들어 있다.

로스코는 자신의 그림이 아늑한 느낌을 주는 동시에 시간을 초월하기를 원했습니다. 실제로 그의 작품은 아늑하고 시간을 초월합니다. 그것은 우리를 포위하지 않고 따뜻하게 감쌉니다. 우리는 보랏빛이 감도는 갈색 캔버스를 뚫고 무한을 응시합니다. 구체적인 이미지는 우리의 가슴을 혼란스럽게 합니다. 오직 추상미술만이 우리를 신성한 세계의 문으로 인도할 수 있습니다.

예술가에게 창작행위는 명상을 하는 것과 같다. 절대적인 자유를 누리는 시간을 가질 수 있는.
영화감독이 되기 이전, 화가 지망생이었던 데이빗 린치는 예술가의 삶이란 예술에 전적으로 헌신하며, 다른 것에는 관심을 두지 않는 삶을 의미한다고 말한다.

　내 친구 토비의 아버지가 말했다. 한 시간 동안 멋진 그림을 그리기 위해서는 적어도 네 시간은 아무런 방해를 받지 않아야 한다고. 맞는 말이다. 그림을 제대로 그리려면 많은 시간이 필요하다. 아이디어를 가다듬고, 그림재료와 도구를 준비하는 등등. 그림 그리기란 무언가를 짓고 부수는 과정이다. 부숴버린 것에서 무언가를 발견하고, 그곳에 또 무언가를 짓는, 그런데 만약 30분 후에 약속이 있어 작업실 밖으로 나가야 한다면 이런 일을 하기란 불가능하다. 예술가의 삶이란 창작행위를 할 수 있을 만큼의 충분한 시간을 갖는 자유를 의미한다.

　데이빗 린치가 말했듯 예술가란 시간의 제약에서 자유로운, 인생에 모든 것을 다 거는, 에너지를 자가발전하는 사람이다. 그런 의미에서 로스코는 진정한 예술가요, 명상가였다.
　몇 해 전 뉴욕 크리스티 경매에서 마크 로스코의 〈마티스에 대한 경의〉가 2240만 달러에 낙찰되면서 현대미술 사상 최고가를 기록하는 기염을 토했다. 로스코의 이름은 영원한 블루칩 화가의 명단에 올랐다. 물질세계를 초월하고 우주와 소통하기를 갈망했던 로스코의 그림이 천문학적인 가격에 거래되는 세태를 과연 어떻게 해석할 수 있을까? 그래서 이런 상상을 해본다. 세상에는 명상이 필요한 사람들이 너무 많다고, 로스코의 그림이 그토록 비싼 값에 팔리는 것도 예술명상을 갈구하는 사람들이 무척이나 많다는 증거라고.

하지만 사람들은 명상이 인생을 살아가는 데 도움이 된다는 사실은 잘 알면서도 어떤 도움을 주는지에 대해서는 미처 알지 못한다. 명상이란 생각의 잔가지를 쳐내고 사물의 본질을 꿰뚫어보는 훈련이다. 즉 가장 중요한 핵심을 파악하는 능력을 말한다. 핵심을 파악하면 무엇이 중요하고 하찮은 것인지에 대해 구별할 수 있는 혜안이 생긴다.

대다수의 사람들은 지상의 땅을 남들보다 좀 더 많이 차지하기 위해 밤낮으로 일한다. 모든 시간은 돈을 벌기 위한 수단으로 사용되기에 몸도 마음도 여유를 가질 수 없다. 그런데 놀랍게도 가장 큰 땅은 내 안에 있다. 명상하면 그 광활한 대지에 행복의 집을 마음대로 지을 수 있다. 자신이 얼마나 큰 부자인지 깨닫게 된다. 인도철학의 젖줄로 불리는 《우파니샤드》에서는 그런 크나큰 행복을 이렇게 말한다.

명상을 하면 속박되지 않은 광활함을 느끼게 된다. 그것은 행복이다. 작은 것에 갇히면 행복은 존재하지 않는다.

이제 명상이 인생에 어떤 도움을 주는지에 대한 해답이 나왔다. 마음의 영토를 넓히기 위해서 사람들은 명상을 하는 것이다.

전쟁

모두가 패배자다

어떤 인간도 그 자체로 완전한 섬은 아니다.
모든 사람은 대륙의 한 조각, 대양의 일부분이다.
만일 흙 한 덩이가 바닷물에 씻기면, 그만큼 유럽은 작아진다.
누구의 죽음이든 그것은 나를 줄어들게 한다.
나는 인류에 속해 있기 때문이다.
그러니 누구를 위하여 조종(弔鐘)이 울리는지 알기 위해
사람을 보내지 마라.
종은 그대의 죽음을 알리기 위하여 울리는 것이니.

_존 던, 《누구를 위하여 종은 울리나》 기도문 중에서

미국의 소설가 E. 헤밍웨이의 장편소설인 《누구를 위하여 종은 울리나》를 펼치면 연애사(戀愛史)에 회자되는 명대사가 나온다.

"제발 키스해줘."
"나는 아직껏 누구하고도 키스해 본 적이 없어요. 키스하고 싶지만 어떻게 하는지 몰라요."
"그냥 입술을 대면 되는 거야."
마리아는 조던의 뺨에 키스했다.
"아, 틀렸어."
"키스할 때 코는 어디에 두는 거예요? 코의 위치를 어디에 두어야 되는지 늘 궁금했어요."
"머리를 옆으로 약간만 돌려봐."
마침내 두 사람의 입술은 꼭 맞닿게 되었다. 그녀가 조금씩 입술을 벌렸다. 조던은 마리아를 껴안고 키스하면서 지금껏 경험하지 못했던 벅찬 희열을 느꼈다. 몸과 마음이 열에 들뜬 듯 뜨거워지고, 가슴이 짜릿해지는 행복감에 도취되어 피로도, 근심걱정도 죄다 사라지게 되었다.

　　헤밍웨이는 소설에서 키스하는 방법조차 모르는 청순하고 순결한 처녀의 전형을 창조했다. 그러나 아름답고 순박한 시골처녀인 마리아는 사랑스런 겉모습과는 달리 악몽 같은 에스파냐 내전의 피해자였다. 마리아는 파시스트에게 집단 성폭행을 당하고 아이를 낳을 수 없는 몸이 되었다. 헤밍웨이는 마리아에게 일어난 끔찍한 사건을 통해 전쟁의 광기는 인간에게 영원히 아물지 않는 상처를 남긴다는 것, 모든 인간은 전쟁의 가해자이면서 피해자라는 강한 반전(反戰)의 메시지를 전달했다. 반(反)파시스트 투쟁에 참가한 헤밍웨이의 체험이 녹아 있는 이 소설은 전쟁소설의 백미로 손꼽힌다.
　　소설의 배경이 되는 에스파냐 내전은 인류 역사상 가장 참혹하고 잔인한 전쟁 중의 하나로 손꼽힌다. 내전이 벌어진 후 무려 50만 명이 넘는 무고한 사람들이 목숨을 잃었기 때문이다.

역사상 가장 충격적인 전쟁화

소설가는 전쟁소설을 통해 인간의 폭력성과 잔혹함을 고발한다면, 화가는 전쟁화를 통해 인간의 야수성을 폭로한다. 우연의 일치일까? 전쟁의 광기를 가장 충격적인 방식으로 화폭에 묘사한 대표적인 화가는 18세기 스페인의 거장 프란시스코 데 고야(Francisco Jose de Goya y Lucientes)였다.
　　고야는 프랑스 군대가 에스파냐를 침략한 1808년부터 1814년까지 일명 '전쟁의 참화'라고 부르는 85점의 동판화 모음집을 제작했다. 고야가 6년여에 걸쳐 제작한 전쟁화 시리즈에는 대량학살, 시신 절단, 집단강간,

어린이 살해 등 프랑스 병사와 에스파냐 인들이 저질렀던 상상을 초월한 만행이 적나라하게 표현되었다. 이 그림들은 현재 '미술의 역사상 인간이 인간에게 저지른 잔혹한 행위를 고발한 가장 충격적인 그림 중 하나'라는 평가를 받고 있다.

너무도 잔혹하고 섬뜩한 그림이기에 화가의 생전에는 출간될 수 없었던, 그가 세상을 떠난 35년 후인 1863년에 세상에 첫 선을 보였던 그림. 과연 얼마나 끔찍한 그림일까? 눈으로 직접 확인해보자.

프랑스 병사들에게 집단 살해된 에스파냐 인들의 시신이 보인다.[72] 끔찍한 살육의 현장을 목격한 남자가 땅에 널부러진 시체를 보면서 구토한다. 화면에서 역겨운 피비린내가 진동하는 이 그림을 통해 화가는 묻고 있다. 진정 이런 만행을 저지르려고 인간은 태어났는가! 과연 누가 이런 화가의 물음에 대답할 수 있을까? 오직 전쟁의 광기를 경험한 사람들만이 대답할 수 있으리라. 인간은 폭력 앞에 얼마나 무력한 존재인지, 생명이란 얼마나 덧없는지를.

화가가 그림에 묘사한 전쟁은 전쟁사를 통틀어 가장 비참하고 잔혹한 전쟁으로 알려져 있다. 일명 독립전쟁, 에스파냐 전쟁, 반도 전쟁으로도 불린다. 당시 에스파냐를 침공한 프랑스 군대는 도시를 약탈하고 에스파냐 인들을 무참하게 학살했다. 심지어 에스파냐의 전설적 영웅인 엘 시드의 무덤까지 파헤칠 정도로 만행을 저질렀다.

영국의 웰링턴 장군은 프랑스 군대가 저지른 잔학행위를 다음과 같이 증언했다.

나는 길가에 서 있는 나무에 수많은 시신들이 걸려 있는 참혹한 광경을

72
프란시스코 고야
전쟁의 참화
제 12번 이러려고 태어났는가
1808-14

목격했다. 단지 프랑스 침략군에게 호의적이지 않았다는 점을 제외하고 에스파냐인들이 그토록 잔인하게 처형당한 이유를 나는 도무지 알 수 없었다.

또 다른 영국장교도 프랑스 군대의 만행을 기록으로 남겼다.

엄마와 아이들이 나란히 목이 매달렸고 그 아래에는 모닥불이 피워졌다.

눈뜨고 볼 수 없는 참상에 에스파냐 국민들의 분노가 폭발했다. 시민들은 점령군에 맞서 격렬한 유격전을 벌이고, 프랑스 병사들을 살해하는 등 피의 보복에 나섰다. 프랑스 군대의 침공에 저항하는 에스파냐 인들의 투쟁은 화가들의 창작혼을 자극했고, 많은 전쟁화가 그려졌다. 에스파냐 전쟁은 미술사에도 커다란 영향을 끼쳤다. 그러나 그 누구도 고야만큼 인간의 내면에 숨겨진 야수성을 생생하게 파헤치지 못했다. 고야는 인간적인 고통과 분노, 공포와 증오심에 초점을 맞추었다. 그는 끔찍할 정도로 사실적이면서 극적인 방식으로 전쟁의 참상을 그림에 재현했다. 너무도 실감나게 표현했기에 최초의 전쟁화가라는 찬사를 받게 되었다.
프랑스 시인 데오필 고티에는 〈전쟁의 참화〉에 대한 감상을 이렇게 적었다.

벌거벗겨진 채 쌓여 있는 시신들은 프랑스 군대가 교살한 남자들이다. 여자들은 강간당하고 포로들은 총살당하고, 수도원은 약탈당하고 애국자들은 목이 졸려 죽었다. 고야는 정확하고도 심오한 해부학적 지식을 발

73
프란시스코 고야
**전쟁의 참화
제 13번 차마 눈 뜨고 볼 수 없다**
1808-14

휘해 에칭 판화에 전쟁의 참혹한 실상을 묘사했다.

전쟁이 벌어지면 남자는 살해당하고 여자는 성폭력의 희생자가 되기 마련이다. 프랑스 병사들이 에스파냐 여성을 능욕하고 있다.[73] 남편은 기둥에 묶어둔 채 그가 두 눈을 부릅뜨고 지켜보는 가운데 두 병사가 부인에게 짐승 같은 짓을 자행한다. 제목 그대로 차마 눈 뜨고 볼 수 없는 비열하고 잔인한 장면이다. 배경에 팔이 비틀린 채 엎어져 있는 여자는 아마도 희생자의 딸이리라.

고야가 묘사한 전쟁의 참상은 예술가의 상상력이 빚어낸 허구의 산물이 아니었다. 실제로 이런 만행들이 버젓이 저질러졌다. 그런 의미에서 고야의 그림은 대다수의 화가들이 그렸던 전쟁화와는 다른 점을 지녔다. 일반적으로 전쟁화는 승전을 기념하기 위한 목적에서 그려졌다. 참전자들의 영광을 기리는, 용감무쌍한, 애국심을 부추기는, 영웅적인 희생을 강요하는 등의 주문자의 요구를 반영한 전쟁화들이 그려졌다.

그러나 고야는 영웅적인 전투나 병사들이 용감하게 돌진하는 감동적인 장면을 그림에 묘사하지 않았다. 화가는 전쟁의 정체를 폭로했다. 여기에 고야의 위대함이 있다.

차마 눈 뜨고 볼 수 없는 만행

다음의 참혹한 그림은 인간이라는 사실을 스스로 부끄럽게 만든다.[74] 프랑스 병사들이 마치 살코기를 자르듯 에스파냐 남자의 성기를 칼로 도려내고 있다. 희생자는 게릴라다.

'게릴라'는 에스파냐 어(語)로 '소규모 전투'를 뜻한다. 나폴레옹 군대

74
프란시스코 고야
**전쟁의 참화
제 33번
더 이상 무엇을 할 수 있는가**
1808-14

75
프란시스코 고야
**전쟁의 참화
제 39번
시체에 대해 이 무슨 만용인가**
1808-14

가 에스파냐를 침략했을 때, 무장한 민중세력을 게릴라로 부른 것에서 유래했다. 전투에서 패배한 에스파냐 병사들은 아라곤의 산속으로 숨어들어가 최초의 게릴라가 되었다. 원조 게릴라의 용맹성과 잔인함은 가히 전설적이었다. 게릴라는 소규모 전투에서 승리할 때마다 자신들이 당했던 잔혹함을 복수하듯 프랑스 병사들을 잔인하게 고문하고 살해했다. 프랑스 병사들도 게릴라를 붙잡으면 피의 보복을 감행했다. 증오심에 불타는 양쪽 진영에서 자행한 살육은 지옥보다 끔찍했다.

프랑스 소설가 빅토르 위고는 어릴 적 아버지를 만나려고 마드리드로 가는 동안 목격했던 전쟁의 참상을 이렇게 글에 적었다.

프랑스 군에 붙잡혀 절단된 젊은 남자의 토막 난 몸뚱이가 십자가에 걸려 있었다. 미나라는 게릴라 동생의 시신이었다. 내가 탄 마차가 마침 그 곁을 지나갔는데 나는 마차에 떨어지는 피를 피하려고 재빨리 몸을 뒤로 빼야했다.

탈무드에 '눈에는 눈 이에는 이'라는 인과응보의 법칙이 있다. 프랑스 군이 만행을 저지르면 에스파냐 인들은 곱절로 되갚아주었다. 마치 누가 더 잔인한지 내기라도 하듯이 말이다.

호러 영화를 즐기는 오늘날의 관객들이 보아도 섬뜩해질 만큼 잔혹한 그림이다.[75] 목과 팔이 절단되고 성기가 잘린 프랑스 병사들의 시신이 나무 가지에 처참하게 걸려 있다. 희생자는 정육점에 걸린 고깃덩어리가 되었다. 에스파냐 민중들은 프랑스 군대에게 당한 만행을 에스파냐 식으로 잔인하게 갚아주었다. 당시 에스파냐 인들이 증오심의 화신이 되었다는 증거가 있다.

　에스파냐의 파라포쿠스 장군은 '아라곤의 용감한 병사, 시민들이여. 여러분은 북방의 소문난 전사들의 사지를 토막 낼 만큼의 용기를 지녔다. 난공불락인 우리의 성벽은 놈들이 자멸할 관이 될 것이다' 라면서 국민들에게 살인마가 되라고 공공연하게 충동질을 했다.

　전쟁의 광기에 전염된 에스파냐인들은 포로로 잡힌 프랑스 병사들을 난도질하고 시신의 내장을 개에게 던져주기도 했다. 심지어 에스파냐 여자들도 학살에 가담해 프랑스 병사들의 눈알을 도려내고 성기를 잘라냈다. 빅토르 위고의 딸 아델 위고가 '살육의 축제'를 기록으로 남겼다.

　에스파냐 민중들은 프랑스 인들이라면 누구든 적으로 여겼다. 모든 에스파냐 국민들이 프랑스 인들에게 대항해 무장했다. 어쩌다 프랑스 인들이 성난 민중의 손에 떨어지는 경우라도 생기면 몸은 두 동강이 나거나 산 채로 불에 태워졌다. 프랑스 인들도 덩달아 흉폭해졌다.

　놀랍게도 고야는 아군과 적군을 굳이 구분하지 않았다. 프랑스 군대뿐 아니라 동족인 에스파냐 인들이 저지른 만행도 공평하게 묘사했다. 아니 잔인한 면에서 에스파냐 인들은 오히려 프랑스 병사보다 한 수 위였다. 고야는 동족들이 적보다 더 짐승 같은 짓을 저지른 현실에 절망했다.

　이번에는 신의 사랑을 실천해야 할 책무를 지녔던 수도사들마저 학살 행위에 가담했다.[76] 에스파냐에서 자행된 만행 중의 대부분은 성직자의 용인을 받고 이루어졌다.

　수도사들이 학살에 앞장 선 것에는 그럴 만한 이유가 있었다. 나폴레

옹은 수도원이 게릴라의 은신처와 에스파냐군의 요새 역할을 한다는 점을 간파했다. 그는 에스파냐 종교재판소를 폐지하고, 수도원의 3분의 2는 폐쇄하고, 부속재산은 국가에 귀속시킨다는 포교령을 내렸다. 궁지에 몰린 수도사들은 스스로 지휘관이 되어 게릴라 부대를 이끌면서 살인을 자행했다. 비단 프랑스 인들뿐만 아니라 반역자와 부역자, 친 프랑스 파로 간주된 에스파냐 인들도 집단광기의 제물이 되었다.

수도사들은 신의 이름을 빌어 무고한 백성들을 잔인하게 살해했다. 에스파냐 수도사들의 잔혹함은 전통적으로도 악명이 높았다. 가톨릭의 본산을 자처한 에스파냐에서 종교적 광신은 수세기 동안 맹위를 떨쳤다. 종교 재판소는 프로테스탄트, 유대인, 무어 인들을 신앙의 적으로 간주하고 무참하게 학살했고, 에스파냐 민중들을 이단죄로 처형하곤 했다.

고야는 가해자와 피해자가 벌이는 살육의 게임을 냉정하게 관찰했고, 그림에 옮겼다. 그가 묘사한 끔찍한 그림들은 전쟁영화의 걸작인 프란시스 포드 코플라 감독의 〈지옥의 묵시록〉의 18세기 버전에 비유된다. 화가는 인간의 야수성에 절망하면서, 용서를 빌기에도 무참해하면서, 현세의 지옥을 그림에 생생하게 재현했다. 다음 글을 읽으면 고야의 그림이 전쟁화의 걸작으로 평가받는 배경을 알게 된다.

고야가 1808~14년 사이에 제작한 〈전쟁의 참화〉 연작은 전쟁의 잔인함과 무목적성, 모든 전쟁의 명분이나 신념도 결국에는 학살의 늪으로 가라앉고 마는 전쟁의 속성을 냉철하게 기록했다는 점에서 독창적이다. 화가의 역량 또한 뛰어나다. 형태와 질감, 빛과 어둠의 유희가 한데 어우러진다. 그리하여 공포조차도 차가운 아름다움이 된다. 저들이 시체를 구

76
프란시스코 고야
전쟁의 참화
제 14번 괴로운 층층대
1808-14

덩이에 던지고, 시신의 옷을 벗기고, 부상당한 사람을 토막 내고, 굶주려 죽은 시신을 끌고 갈 때 우리는 몇 걸음 떨어져 서 있다. 남자들이 교살당할 때 우리는 좀 더 가까이 가 있다. 우리는 시신의 일그러진 얼굴과 혀뿌리가 뽑힌 혀를 본다. 남자들은 사지가 절단되고 목이 졸려 나무둥치에 걸려 있고 여자들이 강간당할 때 우리는 더 이상 가까이 갈 수 없을 만큼 가까이 있다. 한 병사가 칼로 희생자의 사타구니를 자르려고 할 때 우리는 어깨 너머로 그 끔찍한 장면을 들여다본다. _구원A. 윌리엄스

고야의 전쟁화는 인간은 선한 존재라는 견해에 동의할 수 없게 만든다. 인류의 역사는 바로 전쟁의 역사라는 주장에도 고개를 끄덕이게 된다. 세상이 생겨난 이후 전쟁이 없었던 시기가 과연 있었을까? 선사시대부터 현대에 이르기까지 수많은 전쟁이 일어났고, 지금도 벌어지고 있으며 그 원인 또한 다양하다. 자유, 종교, 사상, 민족, 민주주의, 정치, 명예, 인종, 영토, 자원, 돈을 위한 전쟁 등등. 인간에게 전쟁이란 숙명일까?

독일의 작가인 게르하르트 슈타군은 전쟁을 피할 수 있는 방법이 있다고 주장한다. 슈타군에 따르면 지구상에 단 한 차례도 전쟁을 하지 않은 민족이 살고 있으니 바로 에스키모다. 에스키모가 전쟁을 일으키지 않고 평화롭게 사는 비결은 혹독한 자연환경에 있었다. 에스키모는 인간의 한계능력을 시험하는 극한적인 자연환경에서 적응하고 살아남으려면 힘을 뭉쳐야 한다는 점을 본능적으로 알고 있었다. 즉 에스키모에게 공존은 생명이요, 전쟁은 파멸이었다.

에스키모의 사례에 비추면 고야의 전쟁화가 후대에 전하려는 메시지가 무엇인지 추정할 수 있게 된다. 고야는 전쟁이란 인간이 저지른 최악

의 범죄이며, 전쟁에는 승자는 없고, 모두가 패배자라고 말하고 있는 것이다. 화가는 전쟁의 참혹함을 극적으로 부각시키면서 역설적으로 평화의 소중함을 얘기한다. 부정을 강조하면서 긍정으로 이끄는 바로 그것이 고야가 전쟁화를 제작한 참뜻이었다.

《전쟁의 역사》를 쓴 버나드 로 몽고메리는 전쟁을 이해하지 못하면 인류의 역사를 통찰할 수 없다고 밝히면서 평화로운 세상을 만들자고 말했다.

영국의 육군원수였던 몽고메리 장군. 제2차 세계대전에서 독일의 롬멜 군대를 격파한 전쟁영웅인 그가 숱한 전투를 치르면서 평화의 소중함을 깨닫고, 그 깨달음을 전파하는 글을 남겼다는 것은 시사하는 바가 크다.

진정한 군인은 타인을 적으로 삼지 않고, 인간 내면에 사는 야수를 적으로 삼는다. 한 군인으로서 나는 희망한다. 황금빛 노을이 지고, 반목과 싸움을 잠재우는 소등의 나팔소리가 울리는 그날이 오기를. 찬란한 태양이 솟아오르고, 모든 나라에 친선과 평화를 일깨우는 기상나팔이 울리는 그 시대가 진심으로 오기를.

저 세상으로 떠난 고야가 몽고메리 장군의 평화메시지를 듣는다면 이렇게 화답하지 않을까? '우리가 진심으로 원한다면, 그렇게 결심하고 행동한다면 더 이상의 전쟁은 일어나지 않을 것이다.'

관음

.... 권태를 방지하는 묘약

"나를 엿본 이유가 뭐니?"
"당신을 사랑해요. 진심으로."
"그럼 너는 무엇을 원하니?" "몰라요."
"나랑 키스하고 싶니?" "아니요."
"나랑 자고 싶니?" "아니요."
"어디론가 함께 떠나고 싶은 거니?" "아니요."
"대체 무엇을 원해?" "아무것도."
"아무것도?" "예."
__영화 〈사랑에 관한 짧은 필름〉 중에서 마그다와 토메크의 대화

다음 이야기는 영국의 전설이다. 11세기 영국 중부지방인 코벤트리 (coventry)에서 상상을 초월한 사건이 벌어졌다. 열일곱 살의 아름다운 영부인 고다이버가 벌거벗은 몸으로 말을 타고 마을을 돌고 있었다. 그런데 지상최대의 볼거리에도 불구하고 마을 사람들은 마치 약속이라도 하듯 창문에 커튼을 드리우고 바깥을 내다보지 않았다. 고귀한 신분의 영부인은 나체로 말을 타고 길거리 시위에 나섰고, 백성들은 못 본 척 외면한 사연은 무엇일까?

코벤트리의 통치자인 레오프릭 영주는 백성들을 착취하는 악덕군주였다. 그러나 그의 아내인 고다이버는 남편과는 달리 가난한 백성들의 처지를 진심으로 동정하는 아름다운 마음을 지녔다.

고다이버는 농민들이 과도한 세금으로 인해 고통 받는 모습을 차마 눈 뜨고 바라볼 수 없었다. 그녀는 남편에게 세금을 감면해달라고 눈물로 호소했다. 그러나 영주는 아내의 간청을 받아들이는 척하면서 실로 어처구니없는 조건을 내걸었다. 아내가 나체로 말을 타고 마을을 한 바퀴 돌면 그녀의 요구를 수용하겠다는 것이다. 고민을 거듭하던 고다이버는 마침내 결심하고 어느 날 이른 아침, 벌거벗은 모습으로 말에 올라탄 채 영지를 돌았다. 백성들은 영부인이 왜 나체로 말을 타고 마을에 나타났는지 이미 알고 있었다. 그들은 영부인의 알몸을 훔쳐보지 않기로 굳게 맹세했다.

그런데 단 한 사람이 부인의 고귀한 희생정신을 모독하는 일을 저질렀다. 배신자는 양복재단사 톰이었다. 그는 마을사람들과의 약속을 저버리고 커튼을 몰래 들추고 아름다운 부인의 나체를 훔쳐보았다. 톰의 비열한 행동은 신의 분노를 불러일으켜, 재단사의 눈을 멀게 하는 징벌이 내려졌다. 이후부터 '피핑 톰(Peeping Tom)'이라는 단어는 관음증을 뜻하게 되었다.

19세기 말에서 20세기 초 영국에서 활동했던 화가 존 콜리어(John Collier)가 이 흥미로운 이야기를 그림77에 재현했다. 고다이버가 긴 머리카락으로 젖가슴과 치부를 가린 채 말을 타고 마을을 돌고 있다. 그녀는 오직 백성들을 구한다는 일념에서 알몸으로 말을 타고 성 밖으로 나왔지만 수치심을 극복하기 힘들었던지 고개를 푹 숙이고 있다.

화가는 여자의 영웅적인 행동보다 매혹적인 누드를 드러내는 데 더 관심을 두었던 것 같다. 관음증을 자극하는 방식으로 화면을 치밀하게 연출했으니 말이다.

여자의 누드를 화면 한가운데 배치해 감상자가 코앞에서 여인의 알몸을 감상하는 듯한 착각이 들게 했다. 더구나 고다이버가 탄 말은 커다란 백마인데다 등에는 붉은 양탄자까지 깔려 있다. 커다란 백마와 붉은 양탄자는 여자의 나체를 훔쳐보고 싶은 남성의 욕망을 상징한다. 그림을 보는 순간 감상자는 전설 속의 양복재단사인 톰의 뜨거운 눈길이 되어 아름다

77
존 콜리어
고다이버 부인
1898
캔버스에 유채

운 여체를 엿보고 싶은 충동을 억누를 수 없게 된다.

　이 누드화는 고다이버의 숭고한 행위를 빌어 관음증을 자극하려는 의도에서 그려졌다는 점을 보여준다. 관음증이란 말 그대로 훔쳐보기다. 관음증의 핵심은 나는 너를 엿보는데 너는 그런 사실을 미처 깨닫지 못하는 것에 있다. 관찰되는 대상이 훔쳐보는 사람을 알아차리지 못할 때 관찰자는 강렬한 쾌감을 느끼게 된다. 관람자들이 누드화를 보면서 짜릿한 쾌감을 맛보는 것도 다른 사람이 눈치 채지 않은 상태에서 그림 속 여성의 나체를 훔쳐볼 수 있기 때문이다.

본능 엿보기

관음증을 자극하는 누드화를 그린 대표적인 예술가로 인상주의 화가인 에드가 드가(Hilaire Germain Edgar De Gas)를 손꼽을 수 있다. 드가가 묘사한 대다수의 여성들은 관음증을 자극하지만 특히 목욕하는 여자와 매춘부 연작은 관음증을 노골적으로 드러낸다.

　이 파스텔화[78]에서 화가는 둥근 욕조에서 목욕하는 여자를 관음증적인 시각으로 묘사했다. 여자는 감상자가 자신을 훔쳐본다는 사실을 전혀 의식하지 못한다. 만일 여자가 누군가의 눈길을 의식했다면 저렇게 거리낌 없는 자세로 왼손은 욕조 바닥을 짚고, 스펀지를 쥔 오른손을 어깨 위로 올리면서 몸을 닦지는 않았으리라.

　미술평론가들은 이 그림을 가리켜 마치 "열쇠 구멍을 통해 몰래 엿보는 것 같다"고 주장한다. 드가 스스로도 이런 점을 인정했고 다음과 같이 털어 놓았다.

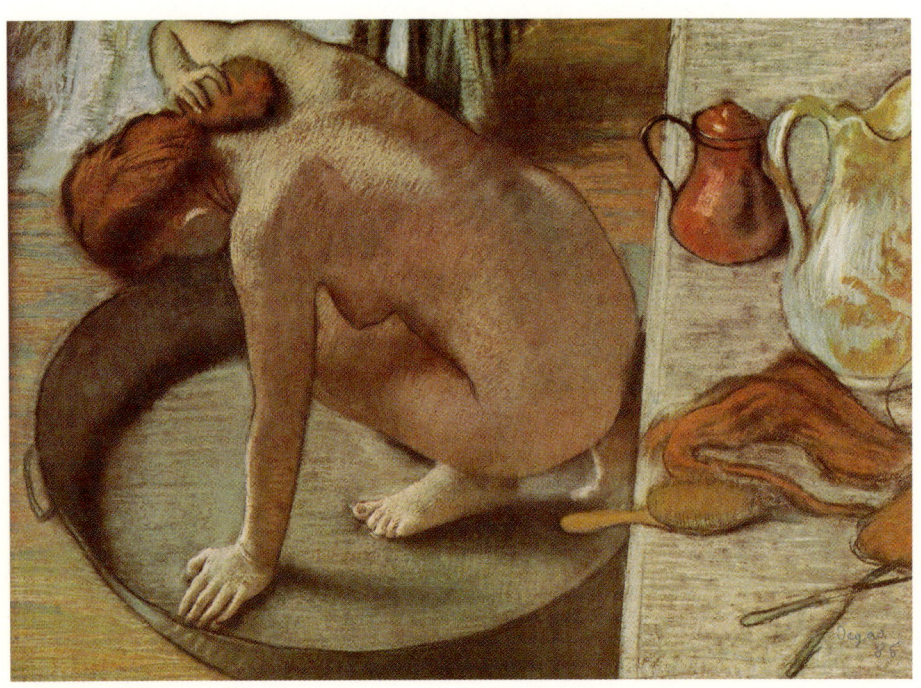

78
에드가 드가
욕조 속의 여인
1886
종이에 파스텔

지금까지 제작된 대다수의 누드화는 모델이 관람객을 의식하고 의도적인 포즈를 취한 채 그려졌습니다. 그러나 내가 그린 여자들은 자신의 심리적인 상태 이외 다른 것에는 전혀 관심을 보이지 않습니다. 솔직하고 단순한 타입의 여성들(…) 마치 열쇠 구멍을 통해 여자를 훔쳐보는 것 같은 느낌이 들게 하지요.

그림의 모델은 매춘부로 추정된다. 그림이 그려지던 19세기 후반, 파리에서 살았던 부르주아 여성들은 집안에서 자주 목욕할 수 없는 처지였다. 물이 귀한 데다 발가벗고 목욕하는 것을 수치스럽게 여겼기 때문이다. 그러나 몸을 파는 여자들의 경우는 달랐다. 정부가 성병의 전염을 방지하기 위해 매춘부들에게 성매매를 하기 이전에 반드시 목욕을 하도록 강요하는 등 위생을 철저히 관리했기 때문이다.

드가는 욕조에서 몸을 씻는 여자의 누드화를 네 점이나 그렸다. 이 그림은 욕녀 시리즈 중 가장 작품성이 높다는 평가를 받고 있는데 주제의 선정성과 예술성을 절묘하게 결합했기 때문이다. 화가는 감상자의 시선을 여자에게 유도하기 위한 독특한 구도를 선택하는 한편, 선의 흐름을 강조했다. 둥근 욕조에서 몸을 닦는 여자를 위에서 내려다보는 시점을 그림에 적용했다. 목욕통의 테두리를 따라서 선을 그으면 여자의 둥근 엉덩이와 구부린 등허리를 타고 어깨로 선이 이어진다. 여자의 손가락 끝에 맞닿으면서 또 다른 원이 만들어진다.

다음 두 점의 그림[79, 80]에 나타난 관음증적 시각은 민망할 정도로 적나라하다. 한 점은 사창가에서 벌거벗은 창녀들이 소파에 앉아서 손님을 기다리는 장면을, 다른 한 점은 창녀들이 포주의 생일을 요란하게 축하하는

79
에드가 드가
포주의 이름축일
1876~77
모노타이프 위에 파스텔

80
에드가 드가
기다림
1876~77
모노타이프 위에 파스텔

장면을 묘사했다. 드가는 사람들에게 호기심과 수치심의 대상인 매춘부의 일상에 흥미를 느꼈고, 무려 50여 점이 넘는 사창가의 숨겨진 세계를 묘사한 이른바 사창가 연작을 제작했다.

그러나 도덕적 금기를 깬 그림들이 행여 음란물로 취급당할 것이라고 지레 짐작했던가. 화가는 그림들을 공개하지 않고 작업실에서 친구들에게만 은밀하게 보여주었다. 드가의 사창가 연작은 그가 세상을 떠난 후, 경매에 붙여지면서 세상에 알려지게 되었다.

그림을 본 사람들은 경악했다. 다른 누드화와는 달리 화가는 여성을 마치 동물처럼 묘사했기 때문이다. 여성의 누드화이니만큼 감상자는 그림을 보면서 에로틱한 느낌을 받아야 마땅하다. 그러나 이 그림에 나온 여성들은 인격체가 아닌 단지 동물의 암컷일 뿐이다. 즉 화가가 여성의 몸을 표현하는 방식이 문제였다. 예술가와 문인, 비평가들은 드가의 작품이 여성을 비하하고 모독한다면서 맹렬하게 비난했다. 프랑스 소설가인 위스망스는 드가의 그림에 나타난 여성혐오증을 최초로 언급한 사람이었다. 소설가는 화가를 겨냥해 공격의 포문을 열었다.

빗나간 성적 쾌락을 갈구하는 여성들에 대한 분명하고도 신랄한 저주, 이 저주는 무시무시한 증거로 여성들을 압도하고 모독한다. 어떤 화장수로도 정화시킬 수 없는 육체의 축축한 공포를 만천하에 드러냈다.

페미니스트들도 비난에 가담했다. 여성을 독립된 인격체가 아닌 관음증의 대상으로 전락시킨 화가를 공공의 적으로 선포했다. 드가는 자신을 비난하는 여론에 대해 어떤 반응을 보였을까? 적극적으로 변명하고 방어하는 대신 여성을 비하시키고 혐오스럽게 표현한 점을 수긍했던 것 같다. 동료화가인 월터 리처드 지커트에게 '나는 여자들을 동물로 그린 적이 너무 많았던 것 같네'라고 고백했다고 전해진다. 그림 속 여성들을 동물의 암컷으로 전락시킨 주범은 엿보기 기법이다.

대다수의 누드화에 등장하는 여성은 감상자의 눈길을 의식한 가식적인 포즈를 취한다. 그러나 자신을 보는 사람이 없을 때도 여성은 우아하고 아름답게 보이도록 자세를 취할까? 드가는 그렇지 않다고 생각했다. 야생의 동물처럼 거리낌 없이 행동할 것이라고, 윤리도덕은 염두에 두지 않고 본능을 따를 거라고. 드가는 그런 자신의 생각을 그림에 옮긴 것이다.

보여주기와 훔쳐보기

한국의 이흥덕도 관음증을 자극하기 위한 훔쳐보기 기법을 그림에 활용했다. 드가와 다른 점이란 그림 속 여자는 누군가 자신을 훔쳐보고 있다는 사실을 눈치 채고 있다.

젊고 아름다운 여자가 야외로 소풍을 나왔다.[81] 여자는 야생화가 핀 풀밭에 돗자리를 깔고 앉았다. 돗자리에 책이 펼쳐져 있는 것으로 볼 때 아마도 여자는 독서하는 중이었던 것 같다.

그런데 이 미녀의 행동이 수상쩍다. 책을 읽는 대신 웃옷을 벗는 시늉을 한다. 여자의 맨 가슴이 드러나는 짜릿한 순간이다. 블라우스를 벗는 여자의 눈길도 예사롭지 않다. 여자는 옷을 벗으면서 무언가를 살피는 기색이 역력하다. 여자가 왜 느닷없이 옷을 벗는지, 그런 야릇한 표정을 짓는 이유가 무엇인지에 대한 해답은 화면 오른쪽을 살피면 금세 알 수 있다. 커다란 나무둥치 아래 세 남자가 몸을 숨긴 채 고개만 살짝 내밀고 여자를 훔쳐보

81
이흥덕
맨드라미
2001
캔버스에 아크릴

고 있다. 여자는 남자들이 자신을 훔쳐보고 있다는 사실을 눈치 채고 남자들을 자극하려고 일부러 옷을 벗는 것이다.

화면 앞쪽에 빨간 맨드라미꽃이 피어 있는 것을 보면 그림 속 계절은 한여름이다. 그렇다면 누구도 젖가슴을 노출시킨 여자를 비난할 수 없게 되었다. 여자는 필경 날씨는 무덥고, 아무도 보지 않는 야외였다고 핑계를 댈 테니까. 그림 속 맨드라미는 남성의 성욕을 상징한다. 꽃 윗부분의 주름진 형태가 수탉의 볏과 닮아서다.

이흥덕의 관음증은 지극히 한국적이면서 민주적이다. 한국적이란 여자는 은근하게 유혹하고 남자는 성적욕구를 자제한다는 뜻이다. 여자는 윗옷을 살짝 열어 젖가슴의 일부분만 노출시키고 남자는 본능의 영역인 하체는 감추고 얼굴만 밖으로 내밀고 여자를 훔쳐보고 있다. 즉 그림 속 남녀의 성적욕망은 끈적거리지도, 노골적이지도, 음침하지도 않다. 민주적이란 성차별을 하지 않는다는 것. 관찰의 대상인 여성도 관찰자인 남성과 동일하게 욕망을 느낀다. 즉 욕망의 평등화를 실천했다. 그래서 이흥덕의 관음증은 여름날 들판에 핀 맨드라미처럼 자연스럽고 싱싱하고, 아름답게 다가온다.

다음 관음증의 무대는 야외가 아닌 실내로 옮겨졌다.[82] 한 소녀가 녹색 소파에 누워 두 다리를 들어 올린 도발적인 자세를 취했다. 꽃잎이 피어나듯 원피스가 양쪽으로 흘러내리면서 소녀의 엉덩이와 허벅지가 드러났다. 전등에서 쏟아지는 불빛이 소녀의 아랫도리를 환하게 비춘다. 소파 뒤에 숨은 중년남자가 머리를 살짝 내밀고 소녀의 두 다리가 갈라지는 부분을 탐욕스런 눈길로 응시한다. 소녀의 모습을 보고 군침을 흘리는 남자는 필경 아동성애도착자(pedophillia)일 것이다. 아동성애도착자가 가장

82
이흥덕
빨간 코와 빨간 부츠
2001
캔버스에 아크릴

탐내는 대상은 자신은 욕망을 느끼지 못하면서 남성의 욕망을 자극하는 미성숙한 육체, 즉 어린 소녀다. 그림 속 남자의 코가 아동성애도착자라는 점을 증명한다. 남자의 코는 새빨갛고 길다. 거짓말을 하면 코가 길어지는 피노키오처럼 남자의 코도 길어졌다. 남자의 붉고 길다란 코는 그가 성적으로 흥분된 상태이며, 소녀에 대한 욕망을 거짓말로 감추고 있다는 점을 알려준다.

하지만 소녀도 보통내기는 아니다. 영악한 소녀는 남자가 자신을 훔쳐보는 것을 짐짓 모른 척, 내숭을 떨면서도 허벅지가 더욱 드러나도록 두 다리를 들어올린다. 소녀는 이런 행동이 남자를 흥분시킨다는 것을 본능적으로 알고 있다. 왜냐하면 소녀는 성에 막 눈을 뜬 청소년이기 때문이다. 사춘기 청소년답게 소녀는 성에 대한 강렬한 호기심을 갖고 있다. 초록색 소파 앞에 놓인 소녀의 빨간색 부츠는 성적 호기심에 눈 뜬 소녀의 심리상태를 거울처럼 보여준다.

이제 예술가들이 관음증이 주제인 미술작품을 제작하는 의미를 정리할 시간이 되었다.

세계적인 미술관을 방문한 관람객들은 관음증을 자극하는 미술작품, 특히 에로틱한 누드화가 무척 많다는 사실을 깨닫고 새삼 놀라곤 한다. 왜 그토록 많은 누드화가 미술관에 전시되고 있을까? 성을 유독 밝히는 사람들이 예술가가 되는 것일까? 아니다. 대다수의 누드작품은 관람객, 혹은 수집가의 관음증을 충족시키려는 의도에서 제작되었다. 영국의 존 버거, 미국의 캐롤 던컨 등과 같은 미술사학자들은 에로틱한 미술품의 제작동기가 관음증에서 비롯되었다고 주장한다. 그들은 말한다. 인간의 내면에는 관음증이 숨겨져 있다고. 에로틱한 미술작품은 인간의 무의식속에서 꿈틀대는 성적욕망을 대리만족시켜주는 효과가 있다고. 그런 의미에서 미술사학자, 성심리학자의 주장은 분명 설득력이 있다.

왜? 그림 속 모델은 성적인 호기심을 자극하면서도 감상자를 수치스럽게도 비난하지도 않는다. 감상자는 누구의 방해도 받지 않고, 눈치 보지 않고, 마음 편하게 눈의 육욕을 충족시킬 수 있으니 말이다.

끝으로 한마디 덧붙인다면 관음증을 부정적인 시각으로 매도할 필요는 없다고 생각한다. 관음증은 인간관계에서 오는 권태를 방지하는 데 탁월한 효능이 있다. 훔쳐보기란 인간의 가식적인 모습이 아닌 본래의 모습을 보고 싶은 원초적 호기심이며 욕망의 표현이다. 상대와 진심으로 소통하고 싶은 간절한 외침이기도 하다.

몸과 마음의 커튼을 활짝 열어젖히고 적나라한 부분까지 상대에게 구경시켜주는 것이 진정한 소통일까? 비록 열렬하게 사랑하는 연인들일지라도 자신만의 방을 갖기를 원한다. 그 방안에 상대에게 알리고 싶지 않은 몇 가지 비밀을 감추고 싶어 한다. 이 비밀의 방을 훔쳐보고 싶은 욕구가 바로 관음증은 아닐까? 그리고 엿보고 싶은 욕망이 있기에 평범한 인간적 삶이 신비롭게 느껴지는 것인지도 모른다.

불안

삶의 연료가 되다

나의 영혼은 너무 무거워서
어떤 생각도 짊어질 수 없다.
불안과 압박감이 내면의 존재를 짓누른다.
금방이라도 지진이 일어날 것만 같다.

_키르케고르

현대는 불확실성의 시대, 혹은 혼돈의 시대라고 부른다. 인간이라면 누구나 불안을 안고 살아간다는 뜻이다. 과연 살아가면서 불안감을 느끼지 않는 사람이 몇이나 될까? 인간존재가, 미래가, 죽음이, 전쟁이 사람들을 불안하게 만든다. 소유한 것을 잃을까, 사랑하는 사람이 떠날까, 실직하지 않을까 불안해 한다. 불안은 근사한 계획을 세우고 실행하려는 순간에도 불청객처럼 찾아오고, 불안이 사라지는가 싶으면 이내 새로운 불안이 잉태된다. 사람들은 왜 끊임없이 불안해할까?

　철학자이며 작가인 알랭 드 보통은 불안의 원인을 크게 다섯 가지로 나눈다. 사랑의 결핍, 속물근성, 기대감, 능력주의, 불확실성이 바로 그것이다. 첫째, 사람은 본능적으로 다른 사람의 사랑과 관심을 받으려는 욕구를 가졌는데, 그런 욕망이 충족되지 않을 때 불안은 찾아온다(사랑의 결핍). 둘째, 남의 시선을 의식하면서 살아가는 속물들은 자아가 형성되지 않았기에 불안을 느낀다(속물근성). 셋째, 학벌이 낮고, 가난하고 권력이 없는 사람들은 게으르고, 무능한 자로 낙인찍는 사회풍조가 불안을 잉태한다(기대감). 넷째, 사람들은 현재의 모습과 달라지기를 바라지만 실제로 달라지는 것은 없기에 불안하다(능력주의). 끝으로 변화속도가 엄청나게 빠른 21세기를 사는 현대인들은 그 어떤 것도 확신할 수 없기에 불안을 느낀다는 것이다(불확실성).

이렇게 알랭 드 보통은 불안의 정체를 냉철하게 해부했지만 불안의 원인은 그 이외도 다양할 것이다. 예를 들면 정신분석학자인 프로이트는 인간은 성적욕구가 충족되지 못할 때 불안해 하며, 철학자 키르케고르는 유한한 생을 사는 인간에게 불안은 숙명적이라고 주장한다.

불안의 정체를 밝히다

화가들도 불안이라는 주제에 관심을 가졌다. 그 중 대표적인 화가는 노르웨이 출신의 에드바르트 뭉크(Edvard Munch)다. 뭉크는 불안을 그림에 최초로 표현한 화가라는 평가를 받고 있다.

불안을 묘사한 원조화가라는 뭉크의 명성을 입증하듯 그림의 분위기는 한눈에 보아도 불안하기만 하다.[83] 한 소녀가 벌거벗은 채 침대에 앉아 있다. 동공이 확대된 눈, 본능적으로 다리를 오므리면서 양손으로 치부를 가린 자세에서 강한 긴장감이 느껴진다. 화가는 미성숙한 소녀의 육체를 화면에 그대로 노출시켰다. 자칫 외설스러운 그림으로 비쳐질 수도 있겠다. 하지만 소녀의 표정과 자세를 보면 성적충동이 일어나기는커녕 불길한 기운마저 느껴진다. 왜 그런 감정이 들까? 소녀의 두 눈에 담긴 두려움과 경직된 포즈, 벽에 드리워진 거대한 그림자 때문이다. 특히 그림자를 눈여겨보라. 그림자는 검은 색이며 비정상적으로 크다.

뭉크는 의도적으로 그림자를 확대했다. 관객의 눈길을 화면에 집중시키는 한편 불안감을 강조하기 위해서였다. 화가는 그림자가 불안과 두려

83
에드바르트 뭉크
사춘기
1894
캔버스에 유채

움을 증폭시키는 효과가 있다는 점에 주목했다. 소녀의 내면에 잠재된 불안감을 외부로 표출시키는 수단으로 거대한 그림자를 활용했다. 그림자가 불안감을 조성한다는 화가의 생각은 상상의 산물이 아니었다. 다음은 화가의 경험담이다.

벽난로에서 타오르는 불길은 내게 유일한 벗이다. 벽난로 앞에 앉아 있는 시간이 점점 더 길어진다. (…) 충동을 이기지 못하고 벽난로에 머리를 기대었다. 목숨을 끊어라. 그러면 모든 고통이 사라지리라. 왜 사는가? 나는 촛불을 켰다. 촛불을 켜는 순간 내 거대한 그림자가 갑자기 나타나 벽면의 절반을 덮고 천장까지 번졌다. 나는 벽난로 위에 걸린 커다란 거울에서 유령처럼 괴기한 내 영혼의 얼굴을 발견했다.

화가는 자신이 체험한 그림자의 불길한 형태를 그림에 표현한 것이다. 뭉크의 전기를 집필했던 수 프리도는 이 그림을 가리켜 깊은 밤 홀로 깨어 초경을 맞는 소녀의 불안한 심정이 잘 표현되었다고 말했다. 수 프리도에 따르면 침대 시트에 묻은 얼룩은 소녀의 첫 생리혈 자국이며, 거대한 그림자는 남근을 상징한다. 소녀는 지금 자신에게 일어난 신체적, 정신적 변화가 너무 두렵고, 섹스에 대한 공포로 인해 불안에 떨고 있다.

겁에 질린 듯한 소녀의 눈빛과 음부를 가리는 두 손은 소녀에서 여성으로 변해가는 신체적 변화와 정신적 충격을 상징적으로 나타낸다. 사춘기는 소녀에서 여성으로 변신하는 시기, 성숙한 여자가 되기 위해 반드시 통과해야 할 혹독한 시험이면서 성적호기심과 두려움이 혼재한 혼란스런 시기다. 뭉크는 소녀의 등 뒤에 드리워진 어둡고 거대한 그림자를 통해 소녀가 사춘기의 성장통을 앓고 있으며, 미래에 대한 불안감에 시달린다는 점을 극적으로 보여주었다.

이 그림이 사춘기 소녀의 내면에 잠재한 불안감을 드러냈다면 다음 그림은 도시인의 내면에 자리한 불안감을 나타냈다.[84]

그림의 배경은 노르웨이 오슬로 시의 카를 요한 거리다. 검은 옷을 입은 도시민들이 겁에 질린 표정을 지은 채 길을 걸어간다. 인파에 떠밀리듯 걸어가는 사람들은 도시거리에서 흔히 볼 수 있는 익명의 시민들이다. 그러나 행인들의 확대된 눈동자, 가면처럼 무표정한 얼굴, 하체를 대담하게 잘라 낸 구도가 화면에 위협적인 분위기를 자아내면서 불안감을 조성한다. 화면 오른쪽에 서 있는 검은 색의 거대한 기념비와 건물 창문에서 새어나오는 노란 불빛, 누렇게 뜬 사람들의 피부색깔도 불안감을 부추긴다. 인파로 붐비는 거리에서 유독 한 사람만은 행인들에게서 이탈해 유령처럼 흐느적거리며 길을 걷고 있다. 검정색 옷을 입은 남자가 홀로 쓸쓸하게 길거리를 배회하는 까닭에 대해 화가는 이렇게 말한다.

길을 걷는 사람들은 모두 그 남자를 이상한 눈길로 쳐다본다. 남자도 사람들의 시선을 의식하는 눈치다. 행인들의 얼굴이 저녁 불빛을 받고 창백한 노란색으로 물들었다. 남자는 다른 생각에 몰두하려고 애쓰지만 쉽지 않다. 그의 머릿속은 텅 비었다. 남자는 멀리 보이는 창가에 눈길을 주려고 애쓴다. 다시금 한 무리의 행인들이 남자 곁을 지나간다. 남자는 머리에서 발끝까지 전율이 일면서 식은땀을 흘린다.

홀로 걷는 남자는 군중들로부터 소외된 자이며, 화가 자신이다. 그림

84
에드바르트 뭉크
저녁 때의 카를 요한 거리
1892
캔버스에 유채

속 남자가 불안감을 느끼는 것은 당연하다. 남자는 군중 속에서 자아를 지닌 유일한 사람이었다.

나는 죽은 자들을 데리고 살아간다

불안을 화폭에 실감나게 표현했던 뭉크는 표현주의 화가로 불린다. 표현주의 예술가들은 대상의 겉모습을 화폭에 재현하기보다 인간의 감정이라는 광대한 영역을 탐구했고 그것을 그림에 투영했다. 예술가들은 열정과 비탄, 기쁨과 고통, 공포와 분노 등의 감정을 보다 극적으로 전달하기 위해 색채를 강조하고 형태를 과장하고 왜곡시켰다. 골수 표현주의자인 뭉크에게 가장 강렬한 감정은 불안이었다. 불안은 그를 요람에서 무덤까지 따라다니는 스토커였다.

나는 오래 전부터 심각한 불안에 시달렸고 그런 불안감을 그림에 표현하려고 했다. 불안과 질병이 없었더라면 나는 키 없는 배와 같았을 것이다.

뭉크는 자신이 체험한 불안감을 공에, 불안에 떠는 영혼을 혼탁한 물에 비유하기도 했다.

몸속에서 심장부근까지 불안의 공이 튀어 오른다. (…) 내 영혼은 뿌연 물이 담긴 잔과 같다. 나는 지금 물이 다시 맑아지기를 조용히 기다리는 중이다. 찌꺼기가 바닥에 가라앉으면 과연 어떤 일이 일어날까?

뭉크를 괴롭힌 불안의 정체는 죽음이었다. 뭉크는 평생 동안 죽음에 대한 공포에 떨면서 살았다. 화가의 어머니는 그가 어렸을 적에 결핵으로, 누이 소피에도 결핵으로 생을 마감했다. 동생 안드레아스는 폐렴, 여동생 라우라는 정신병을 앓다가 세상을 떠났다. 뭉크는 불행한 가족력을 의식에서 떨쳐버릴 수 없었고, 자신도 언제 죽을지 모른다는 강박관념에 시달렸다. 공포심에 질린 그는 "나는 죽은 자들을 데리고 살아간다"라고 주문처럼 말하곤 했다. 불행한 과거를 기억에서 지울 수 없었던 화가의 도피처는 술이었다. 술독에 빠진 화가는 알콜중독과 신경쇠약증을 앓게 되었고 죽을 때까지 육체적, 정신적 고통을 겪었다.

세기말적 시대분위기도 화가에게 불안을 안겨주는 원인이 되었다. 세기말적이라는 단어에서도 드러나듯 그 시대의 키워드는 절망, 자살, 술, 광기, 도착, 허무, 무정부주의, 악마주의 등이었다. 이런 섬뜩한 단어들이 예술가의 영혼을 잠식했다.

뭉크의 불행한 가족사가 씨줄, 묵시론적이고 종말적인 시대분위기는 날줄이 되어 불안이라는 거대한 피륙을 짰던 것이다. 화가는 사람들이 자신의 영혼과 육체를 공격한다고 믿었고 스스로 피해자라고 생각했다.

나는 평생 꿈과 현실세계를 넘나들면서 살았다. 이런 사실을 알게 된 사람들은 내 영혼이 저 먼 곳에서 방황하는 동안 내 육체를 공격했다. (…) 내 영혼은 각각 다른 방향으로 날아가는 들새와 같다.

극도의 불안중세에 시달린 뭉크는 마침내 단말마의 비명을 지르는 사람을 다음 그림에 표현했다.[85]

뭉크를 세계적인 화가로 만든 이 걸작에서 인간의 내면에 잠재된 불안

85
에드바르트 뭉크
절규
1893
캔버스에 유채

은 바깥으로 무섭게 분출된다. 해골처럼 보이는 사람이 다리에 서서 귀를 막고 비명을 지른다. 공포에 질린 표정을 지은 채 절규하는 이 사람은 뭉크다. 가파르게 기울어진 다리의 사선은 긴장감을 고조시키고, 배경의 소용돌이치는 곡선과 하늘을 붉게 물들인 색채가 불길함을 자아낸다. 화가는 일기에 그림을 그리게 된 계기를 상세하게 적었다.

친구 둘과 산책을 나갔다. 나는 해질녘이면 찾아오는 울적한 기분에 사로잡혀 있었다. 그 때 갑자기 하늘이 핏빛으로 물들기 시작했다. 그 순간 극심한 피로가 밀려들면서 나는 발걸음을 뗄 기력조차 없게 되었다. 핏빛은 하늘의 구름을 불태우고 검푸른 협만과 도시를 삼켰다. 친구들은 계속 길을 걸어가고 있었지만 나는 그 자리에 선 채 두려움에 떨어야 했다. 그 순간 나는 자연을 관통하는 찢어질 듯한 비명소리를 들었다.

인간의 내면에 똬리를 튼 불안의 정체를 극적으로 묘사한 그림은 사람들에게 커다란 충격을 주었다. 오죽하면 그림에서 분출되는 광기에 전염된다면서 관람객에게 경고를 할 정도였을까? 비평가 프란츠 세르베스는 그 충격을 글로 표현했다.

핏빛 하늘과 저주받은 노란색을 배경으로 색채가 미친 듯이 비명을 지른다. 소용돌이치는 줄무늬 사이로 드러난 하늘은 마치 넝마처럼 흔들린다. 끝없는 두려움 속에서 나는 홀로 존재한다. 흉측한 벌레를 닮은 괴기한 형체만이 내게 남겨졌을 뿐이다. 나는 오직 휘둥그레진 눈과 비명을 지르는 입만을 느낄 수 있었다. 놀란 눈과 비명, 속이 뒤틀리는 느낌이었다.

뭉크는 한번 보면 도저히 잊을 수 없는 그림으로 불안의 정체를 선명하게 보여주었다.

흥미로운 사실은 늘 불안에 쫓기면서 살았던 뭉크가 여든한 살까지 생명을 유지했다는 점이다. 당시 평균수명에 비춰볼 때 화가는 엄청나게 장수한 셈이다. 뭉크가 불안에 시달리면서도 다른 사람들보다 오래 살 수 있었던 비결은 무엇일까? 불안에 영혼을 잠식당하면서도 결코 냉정함을 잃지 않았다. 한 걸음 더 나아가 화가는 불안의 정체를 꿰뚫어 보았다.

레오나르도 다 빈치가 시신을 해부해 인체해부도를 제작했던 것처럼 나도 영혼을 해부하기 위해 그림을 그렸다. 영혼의 움직임. (…) 내가 해야 할 일은 내 자신의 영혼을 연구하는 일이다. 나는 영혼의 해부에 사용되는 표본이다.

뭉크는 정신과 의사인 야콥센 박사와 나눈 대화에서 자신을 영혼을 해부하는 의사에 비유하기도 했다.

여기 두 해부학자가 앉아 있습니다. 육체를 해부하는 자와 영혼을 해부하는 자이지요. 당신이 나를 해부하고 싶어 한다는 사실을 잘 알고 있습니다. 하지만 조심하세요. 저한테는 영혼을 해부하는 칼이 있거든요.

뭉크가 불안에 떨면서도 장수했다는 사실은 사람들에게 시사하는 바가 크다. 인간에게 불안은 부정적이지만은 않다는 것, 인간에게 극복할 수 있는 정도의 불안은 오히려 필요하다는 것을 보여주고 있으니까. 불안은 인간에게 위험을 감지하고, 자신을 지킬 수 있는 힘을 부여하고, 불안에 도전할 수 있는 용기를 주는 긍정적인 면도 지녔다.

불안을 삶의 에너지로 전환시킨 사례는 위인들에게서 쉽게 찾아볼 수 있다. 찰스 다윈, 괴테, 베르톨트 브레히트, 사무엘 베케트, 프란츠 카프카는 공황장애를 앓았고, 정신분석학자인 프로이트는 불안장애로 고통을 받았지만 모두가 인류문명사에 빛나는 업적을 남겼다.

위인들이 불안을 긍정적인 에너지로 전환시켰듯, 평범한 사람들도 불안을 삶의 연료로 바꿀 수 있다. 미국의 심리학자인 앨버트 엘리스는 현대인들이 불안을 극복할 수 있는 실용적인 방법들을 책에 소개하고 있다. 엘리스 박사는 수치심이나 열등감, 부정적인 생각 등과 같은 불안을 야기하는 상황이 생기면 회피하지 말고 정면으로 대면하라고 조언한다.

또한 실패에 절망하지 않고 한 수 배운다는 긍정적인 자세를 갖고, 자신의 입장을 타인의 눈길로 바라보는 객관성을 지니면 해결책을 찾을 수 있다고 충고한다. 즉 불안의 정체를 알면 불안에서 자신을 지킬 수 있는 용기를 갖게 된다는 얘기다. 알랭 드 보통은 과도한 욕망을 다이어트하면 불안을 치유하거나 불안의 강도를 약화시킬 수 있다고 주장했다. 그는 불안을 욕망의 하녀에 비유했다.

자, 불안은 삶의 그림자라는 점을 인정하자. 그림자가 있기에 삶은 빛이라는 것을 알 수 있다고 생각하자. 인생의 어두운 그림자인 불안까지도 예술의 자양분으로 삼아 창작혼을 불태웠던 뭉크처럼 말이다.

늙음

인생의 마지막을 장식하는 방법

인생의 길은 정해져 있어.
자연의 길은 하나뿐이며, 그 길은 오직 한 번만 가도록 되어 있지.
그리고 인생의 매 단계에는 고유한 특징이 있어.
소년은 허약하고, 청년은 저돌적이고,
장년은 위엄이 있고, 노년은 원숙하지.
이런 자질들은 제철이 되어야만 거둘 수 있는
자연의 결실과도 같은 것이지.

_키케로

영국 여왕 엘리자베스 1세는 나이가 들어가면서 20년 동안 거울을 거의 보지 않았다고 전해진다. 늙고 추하게 변해가는 자신의 육체를 직시할 자신이 없었기 때문이리라. 17세기 프랑스 사교계의 꽃이며 작가였던 세비네 후작부인은 자신에게 일어난 노화현상에 절망한 나머지 "정신과 육체의 찌꺼기가 되어 사는 것은 얼마나 견디기 힘든 모욕이냐"라는 편지를 딸에게 썼다. 영국의 소설가 버지니아 울프도 늙음을 증오하는 글을 일기에 적었다.

나는 노년의 고통을 저주한다. (…) 이가 갈릴 정도로 화가 난다.

싱그럽고 해맑은 피부에 좀이 슬고 색깔이 바랜 레이스 천처럼 살빛이 누렇게 삭아갈 때, 탐스런 뺨과 풍만한 젖가슴은 처지고 축 늘어진 살결에 자잘한 주름살이 밭고랑처럼 새겨질 때, 여성들은 끔찍한 가위눌림을 경험한다.

모파상은 《죽음보다 강한 사랑》이라는 소설에서 육체의 쇠락을 확인한 한 중년여인의 늙음에 대한 공포를 적나라하게 보여준다. 소설 속의 여주인공 애니는 늘어나는 주름살을 확인하고 비명을 지르면서 거울을 산산조각 내고, 변심한 애인의 눈길을 끌기 위해 마치 보석을 세공하듯 공들여 화장한다. 급기야 예수 그리스도 조각상 앞에 무릎을 꿇고 '오, 신이여! 제발 애인의 마음을 다시 사로잡을 수 있도록, 육체의 매력을 2개월, 아니 3개월이라도 더 유지할 수 있도록 해주세요'라고 절규한다.

한때는 눈부시게 아름다웠던 여자가 쭈그렁 할머니로 변해가는 자신의 모습을 거울에서 확인하는 일만큼 잔인한 것이 또 있을까?

그러나 여성들만 늙음을 두려워하는 것은 아니다. 남자들도 여자들만큼 육체적 쇠락을 겁낸다. 괴테의 소설 《파우스트》에서 악마 메피스토펠레스가 파우스트 박사에게 영혼과 젊음을 맞바꾸자는 거래를 한 것도 늙음을 두려워하는 남성의 속내를 꿰뚫어 보았기 때문이다.

욕망은 늙지 않는다

영원한 젊은이로 살고 싶은 인간적인 욕망을 중세시대에 제작된 다음 그림에서 확인할 수 있다.[85]

그림 한가운데 샘물이 솟아나는 육각형 형태의 야외 목욕탕이 보인다. 샘의 중앙에는 정교하게 조각된 화려한 탑이 서 있고, 탑의 꼭대기에서 사랑의 신 에로스가 사람들을 겨냥해 사랑의 화살을 날린다.

탑의 주변에서는 벌거벗은 남자와 여자들이 목욕하면서 서로를 껴안고 거리낌 없이 입을 맞춘다. 샘터에서도 진풍경이 벌어졌다. 남녀노소를 가릴 것 없이 한시라도 빨리 샘물 속으로 들어가려고 서둘러 옷을 벗는다. 비쩍 마른 노인들은 물 속으로 들어가려고 결사적으로 몸을 안으로

86
작자미상
젊음의 샘
1411~16년경
프레스코

들이미는가 하면, 젊은 남자들은 노인들에게 도움의 손길을 내민다.

사람들은 왜 기를 쓰고 샘물 속으로 들어가려고 할까? 샘물에서 목욕을 하면 젊음을 되찾을 수 있다고 믿었기 때문이다. 늙어가는 것을 두려워한 중세인들은 회춘을 열망한 나머지 '젊음의 샘'이라는 마법의 샘물을 고안했다. 검버섯이 피고 기력이 떨어진 노인일지라도 이 샘물에서 목욕하면 활력이 넘치는 젊은이로 변신하게 된다고 믿었다.

젊은 시절로 되돌아가고 싶은 인간적인 욕망은 권력자나 부자일수록 강한 법이다. 화면 원편에서 병색이 완연한 왕은 시종의 부축을 받으면서 말에서 내리고, 추기경은 기력이 다한 모습으로 말을 타고 샘터에 도착했다.

중세인들이 샘물에서 목욕을 하면 회춘할 수 있다는 기상천외한 발상을 하게 된 것은 의학적 지식이 부족했기 때문이기도 하다. 당시 사람들은 노화의 원인을 수분의 고갈이라고 믿었다. 부드럽고 촉촉하던 피부가 점차 메말라가면서 낙엽처럼 가지에서 떨어지면, 바로 죽음이라고 생각했다. 그렇다면 젊어질 수 있는 방법은 단 하나, 육체에 수분을 보충하면 물오르는 나무처럼 다시 젊어지지 않겠는가. 가뭄은 대지를 해갈하려면 비가 흠뻑 내려야 하듯이 말이다.

중세인들은 젊음의 샘을 일명 '사랑의 샘'으로도 불렀다. 왜 사랑의 샘이었을까? 젊음의 샘에 목욕하면 샘물처럼 성욕이 샘솟는다고 생각했다. 남자들이 노인이 되는 것을 두려워한 가장 큰 이유는 정력의 감퇴였다. 특히 젊은 여자와 결혼한 늙은 남자들은 행여 아내가 욕정을 이기지 못해 다른 남자와 불륜을 저지르지 않을까 불안에 떨었다. 그런 늙은 남자들의 두려움이 이 그림에 투영되었다. 늙은 남자들은 샘물을 흡수하고 다시금 젊어져 젊은 여자와 사랑을 나눈다. 중세인들에게 젊음의 샘이란 정력의 상실을 겁낸 늙은 남자들이 갈망한 '중세판 비아그라'였던 것이다.

'젊음의 샘'이라는 그림에서 드러나듯 남성들은 노화를 성욕의 상실로 보았으며, 정력이 감퇴하는 현상을 못내 두려워했다. 화려한 여성편력을 자랑했던 피카소가 더 이상 자신이 젊은 여자의 성적욕망을 충족시켜줄 수 없다는 사실을 깨달았을 때 "마음속에 욕망은 그대로인데 몸이 따라주지 않는다"라고 씁쓸하게 고백했던 것처럼.

로마의 철학자이며 사상가인 키케로는 정욕의 상실을 겁내지 않았다. 그는 《노년에 대하여》라는 책에서 정욕의 감퇴는 불행이 아닌 오히려 축복이라고 말하면서 노인들을 위로했다.

키케로에 따르면 노년을 비참하게 만드는 요인은 다음의 네 가지다. 노인이 되면 첫째, 활동하기 힘들고, 둘째, 몸이 쇠약해지고, 셋째, 쾌락을 빼앗기고, 넷째, 늘 죽음을 의식한다는 것. 하지만 키케로는 노인들을 절망으로 몰아가는 이 네 가지는 단지 선입견에 불과하다면서 풍부한 사례를 들어 반박하고 있다. 특히 감각적 쾌락에 대한 욕구가 감퇴하는 현상에 대해서 그는 노년의 슬픔이기보다 바람직한 현상이라는 의견을 펼쳤다.

플라톤이 쾌락을 가리켜 '죄악의 미끼'라고 주장했듯, 욕망의 미끼를 덥석 물게 된 젊은이들은 값비싼 대가를 치르기 마련이다. 그러나 성적 쾌락에서 자유로운 노인이 되면 내면으로 침잠해 진정한 자신과 만나고 대화할 수 있게 된다. 육체적 쾌락 대신 정신적 쾌락에 눈을 뜨게 되면서, 영혼은 기쁨으로 가득 차게 된다는 것이다. 인생에 대한 통찰력이 담긴 키케로의 글은 젊음의 샘에서 느꼈던 노년에 대한 두려움을 샘물처럼 깨끗하게 씻어준다.

영원한 현역

이번에는 키게로가 언급한 노년을 비참하게 만드는 요인 중 첫 번째와 두 번째에 해당되는 '노인이 되면 활동하기 힘들고, 몸이 쇠약해진다'라는 선입견을 불식시킨 예술가를 소개할 순서다. 화제의 주인공은 16세기 베네치아에서 활동했던 화가 베첼리오 티치아노(Vecellio Tiziano)다.

르네상스 시대 베네치아 최고의 화가라는 찬사를 받았던 티치아노에게 나이란 단지 숫자에 불과했다. 생의 마지막 순간까지 붓을 놓지 않았던 그의 사전에 은퇴란 없었다. 화가는 세상을 떠날 때까지 현역이었다. 티치아노는 놀랍게도 당시에는 전설적인 나이인 아흔아홉 살로 세상을 떠날 때까지 그림을 그렸다. 그가 아흔 살이 넘어 그렸던 자화상에서 노익장의 넘치는 에너지를 확인할 수 있다.

화가는 사치스런 모피 옷을 입고 매서운 눈길로 화면 저 편을 응시한다.[87] 노(老)화가의 눈빛에 정기가 번뜩인다. 누가 건강하고 자신만만한 구십 노인에게 '노인이 되면 활동하기 힘들고, 몸이 쇠약해진다'라고 감히 말할 수 있을까?

화가는 그림 속에서 신성로마제국 황제 카를 5세가 하사한 굵직한 황금목걸이를 자랑스럽게 목에 걸쳤다. 카를 5세 황제는 값비싼 순금목걸이를 걸작 초상화를 그려준 대가로 티치아노에게 하사했다.

화가는 오른손에 붓을 쥐고 있다. 사치스런 모피, 황금목걸이로 치장한 모습과 붓을 쥔 손의 조합은 왠지 어울리지 않는다. 화가는 왜 붓을 든 자화상을 그렸을까? 최고의 화가라는 자부심을 보여주기 위해서였다. 티치아노는 국제적인 명성을 얻었던 미술계 최초의 글로벌 화가였다. 베네치아 귀족들은 물론 유럽의 황제, 왕, 귀족, 교황, 추기경, 부유한 상인

87
베첼리오 티치아노
자화상
1570
캔버스에 유채

들이 앞 다투어 티치아노에게 초상화를 의뢰할 정도였다. 화가의 명성이 얼마나 높았기에 카를 5세가 친히 그의 붓을 쥐어주었다는 일화가 미술계에 전해지고 있을까? 또 얼마나 많은 양의 그림을 주문받았으면 수많은 조수들을 거느리고 그림을 그렸다고 전해질까?

글로벌 화가로 성공한 티치아노는 마침내 귀족에 버금가는 지위와 명예를 얻게 되었다. 그의 그림솜씨에 탄복한 카를 5세가 화가를 황금박차의 기사이며, 라트란 궁의 황실회의실 백작으로 임명한 것이다. 황실에서는 화가에게 귀족작위를 수여하면서 다음과 같이 치하했다고 전해진다.

당신의 예술적 재능과 인물을 표현하는 능숙한 솜씨는 우리시대의 아펠레스(고대 그리스의 전설적인 화가)라고 불러도 좋을 만큼 탁월합니다. (…) 우리는 오직 아펠레스와 같은 화가인 당신에게만 그림을 그려달라고 요청했고, 당신은 그에 보답하듯 천재적 재능을 유감없이 발휘했습니다. 우리는 당신을 예우하고, 후대인들이 당신을 기억할 수 있기를 바라는 마음에서 황실의 권위를 수여하는 것이 옳다고 판단했습니다.

화가에서 귀족으로 신분이 급상승한 티치아노에게 붓을 놓는 것은 상상조차 할 수 없는 일이었다. 또한 구십 노인이 현역화가로 왕성하게 활동하는 모습은 당시에는 너무도 경이로운 일이었다. 스페인 황제 필립 2세의 비서가 베네치아 공국에 '티치아노가 아직도 그림을 그릴 수 있는지 아니면 늙어서 그릴 수 없는지 알려주시오'라고 화가의 나이를 의심하는 서신을 보낸 적이 있다. 그러자 베네치아 공국에서 필립 2세에게 다음과 같은 답신을 보내왔다.

티치아노는 몹시 늙었지만 여전히 작업하고, 또 작업할 수 있을 정도로 건강합니다. 그런데 오래전부터 화가를 잘 알고 있는 지인들의 말에 따르면 화가는 비록 겉모습은 젊게 보이지만 실제 나이는 아흔 살이 넘었다고들 말합니다.

티치아노는 1576년 8월 27일 페스트에 전염되어 아흔아홉 살의 나이로 영면했다. 르네상스 시대 인문학자인 루도비코 돌체는 노대가의 영전에 다음과 같은 추모사를 바쳤다.

우리는 티치아노 만큼 회화를 영예로운 위치에 올려놓은 화가는 결코 없었다고 감히 말할 수 있다. 그는 자신의 천재성을 확신하고 그림 값을 높게 책정했다. (…) 그의 초상화는 실물을 능가할 정도로 탁월했다. 초상화의 주인공은 모두 황제이거나, 왕, 교황, 제후 등 고귀한 신분의 사람들이었다. 베네치아에서 왕이나 주교, 귀족들 중 티치아노의 작업실로 가서 그림을 구경하지 않거나 그에게 초상화를 의뢰하지 않은 사람은 아무도 없었다. (…) 그는 지칠 줄 모르고 작업했다. 열정과 인내심을 가지고 왕성하게 작업하면서 긴 세월 동안 무수히 많은 그림들을 창작했다. (…) 그는 1576년 99세의 나이로 페스트에 걸려 삶을 마감했다. 페스트 환자가 사망하면 전염을 우려해 장례식을 금지시켰지만 베네치아 당국은 화가의 죽음을 애도하는 최고의 예우를 갖춘 장례식을 거행했다. 그리고 화가가 원했던 바대로 그의 시신을 기사의 휘장으로 감싸고 프라리 성당 예수수난상이 있는 제단 아래 고이 묻어주었다.

88
베첼리오 티치아노
신중의 알레고리
1566

티치아노의 앞선 그림**88**도 오래된 포도주가 시어지는 것이 아니듯, 늙음은 결코 인간을 비참하게 만들 수 없다는 키케로의 조언을 떠올리게 한다.

화가는 이 독특한 초상화에서 늙은 자신을 삶의 지혜를 지닌 인간의 전형으로 표현했다. 화면 위에는 세 남자의 초상화가, 화면 아래에는 세 마리 동물의 머리가 각각 그려져 있다. 세 남자의 얼굴은 노년, 중년, 소년의 모습이며, 동물의 머리는 늑대, 사자, 개이다. 화가는 인생의 세 단계를 세 마리의 동물에 비유해 표현했다. 늑대는 신중하게 기억을 되새기는 과거를, 사자는 왕성하게 활동하는 현재를, 개는 기대에 찬 미래를 상징한다. 화면 위에는 그림의 의미를 나타내는 라틴어 격문이 적혀 있다. '과거의 경험을 살려 현재를 지혜롭게 행동하면서 미래를 대비하라'는 뜻이다.

흥미롭게도 티치아노는 그림에 자신과 가족들의 얼굴을 그려 넣었다. 노인은 화가인 티치아노, 중년남자는 아들인 오라치오, 소년은 조카 마르코다. 그림은 '가장 중요하고 의미 있는 일은 강한 체력과 민첩한 신체보다 신중한 계획과 명민한 판단력, 분별력에 의해 달성된다. 경솔한 젊은이라면 가질 수 없는 이런 훌륭한 자질은 노인이 되면서 줄어드는 대신 오히려 늘어난다'라는 키케로의 주장과 정확하게 일치한다.

자연의 품안으로 돌아가다

다음에는 16세기 프라하에서 활동했던 천재화가 쥬세페 아르침볼도(Giuseppe Arcimboldo)의 그림을 감상하면서 키케로가 노년을 비참하게 만드는 네 번째 요인으로 언급했던 죽음에 대한 공포심을 극복하는 방법을 찾아 보도록 하자.

89
쥬세페 아르침볼도
겨울
1563

화가는 천재답게 미술사에서 최초인 식물초상화를 창안했다. 식물초상화란 각종 식물을 조합해 사람의 얼굴로 만든 이중그림을 가리킨다. 남자의 측면 초상은 신기하게도 고목을 닮았다.[89] 머리카락은 나뭇잎과 가지, 코는 껍질이 벗겨진 나뭇가지, 목은 나무 등걸이다. 남자는 매서운 추위를 피하려는 듯, 거적으로 몸을 감쌌다.

초상화는 실제 남자의 얼굴을 묘사하지 않았다. 사계절 중에서 겨울을 늙은 남자의 얼굴에 비유해 표현했다. 화가는 겨울이란 피부가 거칠고 메마르며 머리카락이 빠진 늙은 남자와 같다고 생각했다. 그래서 잎이 다 떨어진 헐벗은 나무처럼 추위에 떨고 있는 노인을 겨울로 나타낸 것이다.

옛사람들은 인생의 네 단계를 사계절에 비유하곤 했다. 탄생은 봄, 성숙은 여름, 쇠퇴는 가을, 죽음은 겨울이다. 노년은 죽음의 계절인 겨울에 해당된다. 그렇지만 화가는 사계절처럼 인생도 순환한다는 믿음을 그림을 통해 보여주고 있다.[90] 죽음의 공포에 떨고 있는 노인의 목 부위를 보라. 탐스런 레몬이 달린 나뭇가지가 앙상한 노인의 목을 뚫고 솟아나오지 않은가. 화가는 인간은 죽는 순간까지 희망의 봄을 기다리는 존재라는 메시지를 그림을 통해 전한 것이다.

아르침볼도의 그림이 말해주듯, 죽음이란 육신이 해체되어 자연의 품 안으로 되돌아가는 것이다. 오랜 세월 영혼의 집이 되어준 육신에 감사하는 마음을 가지면 죽음에 대한 두려움을 극복할 수 있다. 키게로는 노인을 비참하게 만드는 죽음에 대한 공포가 반드시 나쁜 것만은 아니라고 말했다.

죽음을 의식하면 남은 시간을 보다 치열하게 살 수 있기 때문이다. 아울러 그는 노인에게 위안이 되는 말도 남겼다. 죽음에 대한 공포는 노인

90
쥬세페 아르침볼도
봄, 여름, 가을, 겨울
1563

의 몫만은 아니며 젊은 사람들도 늘 죽음의 위험을 안고 살아간다는 것.

　대다수의 사람들은 건강하게 오래 살기를 바라고 젊은이들 역시 오래 살기를 갈망한다. 그런데 노인들은 젊은이가 바라는 바를 이미 다 얻었다. 자신의 수명을 성공적으로 산 사람만이 노인이 되니까. 그렇다면 노년은 청년에 비해 행복하다고 말할 수 있지 않을까?

　끝으로 〈노년의 지혜〉라는 일본의 시를 독자에게 소개하면서 '늙음' 편을 마무리 짓는다.

　친구여,
　나이가 들면 설치지 말고,
　미운소리, 우는 소리, 흉보는 소리, 군소리, 불평일랑 하지 마오.
　듣거든 가르쳐주기는 해도
　알고도 모르는 척 모르면서도 적당히 아는 척
　어수룩하게 사는 것이 편안하다오.
　친구여,
　상대방을 반드시 이기려고 하지 마오.
　적당히 져 주시구려.
　한 걸음 물러서서 양보하면 그것이 지혜롭게 사는 비결이라오.

　친구여,
　돈 욕심을 버리시구려.
　제 아무리 큰 부자인들 죽으면 가져 갈 수 없는 것.

유산을 탐낸 자식들이 싸우도록 하지 말고,
살아 있는 동안에 많이 베풀어 산더미 같은 덕을 쌓으시구려.

친구여,
그렇지만 그것은 남에게 들으라고 하는 이야기일 뿐
정말로 필요한 돈은 죽을 때까지 꼭 갖고 있구려.
옛 벗을 만나거든 함께 식사도 하고, 불쌍한 사람을 보면 베풀고.
손자에게 용돈이라도 줄 여유가 있어야
늘그막에 내 몸 돌봐주고 받들어 주니
우리끼리 하는 말이지만 이건 사실이라오.

젊었을 때 잘 나가던 기억은 모두 다 잊고.
제발 잘난 체하지 마오.
우리들의 기대는 다 지나가고 있으니
아무리 버티려고 애를 써 봐도, 가는 세월은 붙잡을 수가 없으니
그대는 뜨는 해, 나는 지는 해, 그런 마음으로 편안히 지내시구려.

자녀, 손자, 그리고 이웃 누구에게나
환영을 받는 마음씨 좋은 늙은이로 살아가시구려.
멍청하면 안 되오. 아프면 안 되오. 그러면 괄시를 당한다오.

KI신서 1988
나는 오늘 고흐의 구두를 신는다

1판 1쇄 발행 2009년 7월 16일
1판 2쇄 발행 2009년 10월 16일

지은이 이명옥 **펴낸이** 김영곤 **펴낸곳** (주)북이십일 21세기북스
기획·편집 심지혜 **디자인** 씨디자인 **마케팅·영업** 최창규 김보미
출판등록 2000년 5월 6일 제10-1965호
주소 (우413-756) 경기도 파주시 교하읍 문발리 파주출판단지 518-3
대표전화 031-955-2100 **팩스** 031-955-2151 **이메일** book21@book21.co.kr
홈페이지 www.book21.com **커뮤니티** cafe.naver.com/21cbook

ⓒ 이명옥, 2009

값 15,000원
ISBN 978-89-509-1947-4   03810

이 책 내용의 일부 또는 전부를 재사용하려면 반드시 (주)북이십일의 동의를 얻어야 합니다.
잘못 만들어진 책은 구입하신 서점에서 교환해 드립니다.